박이문 교수의

철학이란 무엇인가

박이문 교수의
철학이란 무엇인가

초판발행 · 2008. 04. 10

초판 2쇄 · 2014. 03. 20

지은이 · 박이문

펴낸이 · 김광우

book design · f205

펴낸곳 · 知와 사랑

서울시 영등포구 선유동 1로 50. 908호

전화 (02) 704-5040

팩시밀리 (02) 335-2965

등록번호 제10-1708호

등록일 1999. 6. 15.

ISBN 978-89-89007-36-4
ISBN 978-89-89007-21-6(set)

값 12,000원

www.jiwasarang.co.kr

박이문 교수의

철학이란 무엇인가

박이문 지음

知와 사랑

책을 내면서

이 책은 일종의 철학개론이다. 전통적 철학개론들은 대체로 역사적 및 문제 중심적 두 가지 종류로 구분할 수 있다. 전자의 경우는 소크라테스, 플라톤, 노자, 공자 등과 같은 이미 철학자로 인정된 사람들의 이론 혹은 사상들을 통시적 축에서 기술하고 소개하며, 후자의 경우는 형이상학, 인식론, 윤리학, 미학 등의 문제에 관한 철학적 논쟁들을 공시적인 차원에서 문제 중심으로 소개하는 형식을 갖추고 있다. 그러나 두 경우 모두 '철학'이 무엇인가를 논리적으로 밝히는 데 있지 않고, '철학'이라는 개념을 누구나 이미 알고 있다는 것을 전제하고 있다. 이런 점에서 이 두 종류의 철학개론은 교과서적이지 그 자체가 철학적 사유가 아닐 뿐만 아니라 철학의 개념규정도 아니다.

철학개론으로서의 이 책이 위와 같은 식의 철학개론과 다른 것은 공시적인 동시에 통시적 차원에서 다른 학문과 차별할 수 있는 학문으로서의 '철학'을 필자 나름대로 규정하고, 그와 동시에 그러한 규정과 일관된 필자 자신의 자연철학으로서의 철학적 세계관 및 인생철학으로서의 인생관, 그리고 예술관을 분석하고 새로운 이론을 구축한다는 데 있다. 따라서 이 개론의 방법론은 서술적이 아니라 분석적이며, 파편적이 아니라 통합적이며, 교과서적이 아니라 담론적이라는 점에서 기존의 철학개론의 방법론과 차별화된다. 필자가 아는 한 적어도 한국의 현재까지의 상황에서는 그렇다고 믿는다.

보스턴에서 재직 중이었던 1975년 여름방학, 나는 이화여대 대학원에서 초대를 받고 두 달 동안 특강을 했다. 그 특강 노트를 모아 다음해 한 권의 책으로 냈다. 그 후 적지 않게 판이 거듭되었지만 이 책에 대해서 나는 늘 마음이 편치 않았다. 강의하면서 급히 썼고, 필자가 오랜 세월 한국 밖에서 살았던 사실을 핑계로 삼을 수도 있겠지만, 내용이나 논지의 미흡함, 문장의 부드러움이나 한글 맞춤법의 오류 등의 측면에서 미흡했기 때문이다. 완전 한글세대로 바뀐 오늘의 젊은 세대를 생각하면 이 책의 문제는 더 크다.

이제 나는 위와 같은 문제점들을 다소 수정하면서 이 책의 개정판을 내기로 결정했다. 한국 철학사의 맥락에서 볼 때 이 책은 적어도 계몽적인 차원에서 아직도 유효하다고 생각하기 때문이다.

이 개론을 집필한 지 33년의 세월이 흘렀지만, 나의 철학관의 기본 골격은 지금도 그때와 큰 변함이 없다. 이러한 사실은 필자가 이 개정판에 만족하고 있다는 것은 아니다. 그 동안 본인이 더 배우고 사유해 온 철학적 경험에 비추어 이 책의 세부적 내용과 구성 등에서 더 많이 보완되어야 했음을 잘 의식하고 있다. 그러나 그러한 작업은 현재의 나로서는 시간적으로나 기력적으로나 너무나 벅찬 일이다. 이러한 상황에서 미흡하게 개정한대로 이 책을 세상에 내놓는다.

만일 지와 사랑 지미정 사장의 관심과 호의, 출판사 편집부 여러분들
의 힘든 에디팅 작업이 없었더라면 이 책의 새로운 탄생은 물론 그런
구성조차 없었을 것이다. 이 자리를 빌어 깊은 사의를 표한다.

2008년 3월
박이문

차례

머리말

　여기 세상에 내놓은 책은 일종의 철학개론이다. 내가 의도한 바는 2천여 년의 철학사를 통해서 찾아볼 수 있는 여러 가지 철학적 이론을 소개하는 일을 피하고 미숙하나마 내가 알고 있는 학문으로서의 철학의 성격을 되도록 체계적으로 전달하는 데로 집중되었다. 따라서 이 철학입문서는 흔히 보는 철학개론과는 파격적으로 다른 형태를 갖게 되었다.

　이 책은 단순한 철학이론이나 철학사의 소개가 아닌만큼, 첫째로 염두에 둔 나의 독자는 철학자가 아닌 일반 독자이긴 하지만 철학을 전공하는 분들에게도 다소의 읽을거리가 될 수 있을 것이다. 주의 깊은 독자들은 극히 소박하고 거칠긴 하나 이 책 전체를 관통해서 철학적으로 중요한 문제에 대한 하나의 일관된 견해와 철학관을 찾아보리라고 믿는다.

　내가 철학에 관심을 갖게 된 가장 근본적인 동기는 윤리적 혹은 종교적인 문제였다고 믿는다. 나는 불의와 부정한 일들, 불합리한 사람들에 둘러싸여 살면서 답답함과 분노를 느꼈고 그것의 원인을 보고 싶었으며, 나 자신을 비롯한 많은 사람들의 불행에서 인생의 종교적인 해석을 찾고 싶었다.

이러한 나의 관심을 처음으로 깊이 끌고 나의 인생에 대한 태도에 크나큰 영향을 주었다고 생각되는 것은 사르트르였다. 6·25 전쟁 중에 처음 그를 접했을 때 내가 그의 철학을 제대로 이해했을 리가 없다. 그러나 단편적으로 알게 된 인생에 대한 그의 철학적 해석에 깊은 충격을 받으면서 그를 통해서 인간을 다소나마 이해할 수 있을 것 같았다. 그래서 사르트르는 내가 정식으로 철학을 공부하면서부터 가장 정열을 쏟아 읽은 철학가 가운데 한 사람이었다. 나에게 있어서 사르트르는 모든 문제에 대한 독특하고 올바른 해답을 알고 있는 것만 같았다.

그러나 사르트르에서는 전혀 찾아볼 수 없었던 철학의 진수를 보여준 것은 칸트였다. 1960년 초 파리의 어느 지붕 밑에서 칸트의 『순수이성비판』을 처음으로 대했을 때의 놀라움과 칸트에 대해 느꼈던 경의를 지금도 어제 일과 같이 생생히 기억한다. 이른바 철학에 있어서의 코페르니쿠스적 혁신이며, 독창적 사고와 아울러 그의 사고의 아름다운 체계성에 나는 완전히 매혹당하고 말았었다.

끝으로 나는 이른바 영미철학, 즉 분석철학을 통해서 철학적 사고에서의 정밀·정확을 배웠다. 처음 분석철학을 대한 것은 내가 보따리를 싸들고 미국에 간 1965년경이다. 그때 나는 분석철학에 대해 크게 반발을 느꼈고, 그럼으로써 철학 자체에 흥미를 잃을 뻔했다. 이 철학이 너무나 작은 문제를 갖고 따지는 말장난꾼들의 말놀이같이 느껴졌기 때문이다. 물론 나는 지금도 분석철학의 일면에 대해 극히 비판적이지만 나는 여러 분석철학자들에 의해서 사고의 정확성이 철학에서 특히 절대적인 중요성을 갖고 있음을 배웠다.

이 책은 위와 같은 나의 짧은 기간의 철학적 학습의 작은 결정으로 보아주면 좋겠다.

　본론에서 강조했지만 철학적 사고의 본질은 반성하는 데 있다. 그렇기 때문에 오직 철학만이 스스로 "철학은 무엇인가"라는 문제를 들고 나오게 되며, 스스로의 본질을 이해하고자 하지 않는 철학은 있을 수 없는 것이다. 모든 앎, 모든 과학은 각기 그들의 분야에서 어떤 대상을 알려고 할 뿐이다. 가령 물리학자는 물리현상을 알고자 하나 "물리학은 무엇인가"라는 문제는 사실 물리학 분야 밖에서만 찾아볼 수 있는 것이다. 만약 물리학자가 그런 문제를 들고 나오기 시작하면 그는 물리학자로서 종지부를 찍게 되는 날이다. 그것은 마치 축구선수가 축구하다 말고 "축구는 무엇인가"하고 덤벼드는 경우와 비유된다. 이럴 때 이미 그가 축구를 할 수 없게 됨은 자명하다. 그러나 이상스럽게도 오직 철학만은 자기가 자신을 물어 보아야 한다. 스스로를 이해하지 못하는 철학은 진정한 철학이 될 수 없는 것이다.

　나는 이 책을 통해서 철학적 문제가 어떠한 성질의 것이며, 철학을 한다는 것이 도대체 무엇인가를 극히 간단하게 간추려보려 했다. 불과 200면에 지나지 않는 지면에 크나큰 여러 철학적 문제를 정확히 밝힐 수 없다는 것은 두말 할 필요도 없이 자명하다. 그러므로 이 책은 내가 생각하는 철학에 관한 견해의 극히 기초적이고 개략적인 테두리로 보아야 할 것이다. 물론 기회가 있는대로 내가 이곳에서 세워본 테두리 안에서 여러 가지 철학적 문제를 개별적으로 써볼 예정이다. 이 책을 이화여대 대학원에서 오래간만에 강의를 하는 즐거움을 틈틈이 가질 수 있었던 1975년 여름 6월부터 8월 말까지 꼭 3개월에 걸쳐 썼다.

이 책을 쓰면서 나는 지금까지 보낸 여름 방학 가운데 가장 뜻있는 여름이라고 생각하며 마음의 충족을 느꼈다.

서울에 가면 뵙던 아버지가 타계하시고 빈 집같이 허전한 옛집에 노모만이 기다리고 계셨다. 어머님의 지극하신 사랑 속에서, 그리고 아버지를 생각하면서 나는 인생의 문제를 더욱 심각하게 생각하지 않을 수 없었다. 무엇인지는 알 수 없지만 보람 있는 삶을 살고자 하는 생각을 더욱 짙게 하면서 이 작은 에세이를 쓸 수 있었던 것은, 철학이 무엇인지는 이론적으로 모르시더라도 자식에게 들이는 어머님의 말없는 사랑과 정성이 있었기 때문이다.

철학에 관한 이 에세이를 쓰면서 나는 시인 피에르 이마누엘Pierre Emmanuel의 부인 잔느 이마누엘Janine Emmanuel 여사를 생각하지 않을 수 없었다. 여사의 이해와 격려와 도움이 없었더라면 나는 파리에서나 미국에서 철학을 뜻대로 공부하지 못했을는지 모른다. 여사에 대한 사의의 표시로서 변변치 못한 이 책을 여사에게 바친다.

1976년 1월 미국 케임브리지에서
저자

1장

철학적으로 사고하기

1. 철 학 은 난 해 한 것 이 아 니 다

흔히 철학은 좋게 말해서 심오하며 따라서 난해한 학문이고, 나쁘게 말해서 허황된 언어의 장난 혹은 쉬운 이야기를 어려운 말로 표현하는 일이라 생각한다. 철학에 대한 이와 같은 통속적인 견해는 한편으로 철학에 대한 맹목적인 존경으로 나타나고 다른 한편으로는 철학자에 대한 경멸로 반영된다. 때로는 우주의 궁극적 진리나 인생의 궁극적 지혜를 얻기 위해서 철학이 요청되는가 하면, 때로는 철학자가 되기보다는 기술자나 정치가가 됨이 보다 현명한 길을 택한 것으로 믿어지기도 한다.

사실 철학사를 잠깐 들여다보거나 철학자들이 살아온 모습을 알아보면 철학에 대한 위와 같은 통속적인 인식이 충분히 이해되고도 남는다. 플라톤의 '이데아', 힌두철학의 '브라만', 노자의 '도', 헤겔의 '절대정신Geist', 하이데거의 '존재Sein', 사르트르의 '대자對自pour-soi', 기독교에서의 '신神' 등은 철학적 논쟁의 대표적인 개념들이다. 이와 같은 개념들은 각기 어떤 궁극적인 존재의 형태를 가리키는 것인 만큼 철학적 관심이 우리 일상 생존에 필요한 쌀이나 돈에 있거나, 이웃집 복돌이나 복순이에 있지 않고 가장 근본적인 심오한 문제에 있음을 말해준다. 철학에서만 볼 수 있는 '선험적先驗的'·'필연적'·'범주範疇'·'초월적'·'본질'·'현상'·'현존재現存存Dasein' 등과 같은 개념들은 확실히 보통 상식으로는 얼핏 이해되지 않는 난해하고 애매한 개념임에 틀림없다.

한편 철학이 일상 생활과 직접 관계가 없는가는 과거 철학자들의 생활을 통해서 이해할 수 있다. 소크라테스는 가난한 아내와 아이들을 남겨둔 채 청산가리를 마셨고, 스피노자는 안경알을 갈아 생활비를 벌어야 했고, 칸트는 한때 가정교사로서 극히 소박한 생활을 했고, 마르크스는 가난과 병 속에 자신의 자녀들이 죽어가는 것을 견뎌야 했다. 니체의 말마따나 과거의 위대한 철학자 가운데 결혼해서 평탄한 생활을 한 이는 거의 없었다. 그만큼 철학하는 이들은 언뜻 보기에 실제 생활과 동떨어져 공상 속에서 언어나 개념의 유희를 하고 있는 사람으로 보일 수밖에 없다. 근래 이른바 많은 분석철학자들이 따지는 문제라든가 방법은 철학이 일상생활과는 전혀 관계 없는 일종의 개념의 유희라는 느낌을 더욱 강하게 만들기 쉽다. 실상 철학은 농사를 짓거나 공장을 세우거나 국방을 하는 데 아무런 관계를 갖지 못한다.

그러나 철학의 난해성이나 유희성은 철학의 피상적인 모습에 지나지 않는다. 오히려 철학은 근본적으로 우리의 구체적인 일상생활에서 시작되며, 철학의 궁극적 이상은 우리의 구체적인 여러 체험들을 정리하고 명석히 하는 데 있다. 철학의 본질은 성인의 백과사전적 박식 속에 있지 않고 오히려 어린이들의 가장 소박한 의문 속에서 찾아볼 수 있다. 유치원에 다니는 아이는 자신의 근원에 대한 의문을 가지고 아버지께 묻는다. 아버지는 그가 어머니에게서 나왔고 그 어머니는 그녀의 어머니에게서 나왔고, 마지막으로는 하느님에게서 나왔다고 설명한다. 그래도 아이는 만족되지 않아서 그럼 하느님은 어디서 나왔느냐고 짓궂게 물음을 계속한다. 아이의 이 의문은 비단 사물의 기원에만 한정되어 있지 않다. 모든 어른들이 대통령을 위대한 분이라고 말할 때 아이는 어째서 그러냐고 묻는다. 아버지의 대답은 그가 대통령이니까 그렇다고 대답할 수 있다. 그러면 그 아들은 어째서 대통령이라는 직업이 위대한 것이냐고 물을 것이다. 필경 말문이 막히게 될 아버지는 아들이 일종의 등신이라고 믿으며 아들의 질문에 지적인 대답을 주지 못하고 주먹에 호소하게 되기 십상이다. 만약 조금 교육을 받은 아버지라면 플라톤의 학설을 늘어놓거나 장자莊子의 말을 인용하거나 칸트의 말을 독일어로 중얼거리거나 해서 궁핍한 입장을 현학적으로 넘기려고 할 것이다.

그러나 진짜 철학은 과거 철학자의 학설을 외국말로 인용할 수 있는 아버지의 백과사전적 박식 속에 있지 않고, 오히려 백치와 같아 보이는 유치원에 다니는 순박한 아들의 질문 속에서 찾아볼 수 있다. 이 유치원 아이의 질문이야말로 모든 것을 알았다고 자처했던 아테네의 소피스트들을 향해서 자신은 "아무 것도 알지 못함을 알고 있을 뿐이다"라고 말한 소크라테스의 의문과 일치한다. 이러한 사실은 철학이 근본적으로는 난해한 것이라기보다는 가장 단순한 것임을 말해준다.

또 한편으로는 결과적으로 난해한 경향을 띠고 철학적 시비가 일상생활과 동떨어진 개념의 장난처럼 보일지라도 철학은 본질적으로 생활에서 출발하고 생활의 문제에 귀착한다. 왜냐하면 근본적으로 위대한 근거가 무엇인가를 알 때, 나 자신의 근원의 근원을 파악했을 때 나는 나의 옳고 참된 생을 살아갈 수 있기 때문이다. 나의 궁극적인 기원과 나의 존재와 궁극적인 가치를 알았을 때에만 나의 생은 참다운 의미로 충실한 것이 되기 때문이다. 통속적인 생각과는 달리 철학은 가장 단순한 것이며 또한 생활과 가장 밀접한 관계가 있다는 역설이 서게 된다. 그렇다면 이러한 철학은 무엇인가?

보통 철학이라 할 때 경우에 따라 우리는 두 가지 다른 것을 의미한다. 철학이라는 말은 철학적 학설을 뜻할 때와 철학적 사고를 의미할 때가 있다. 유심론 혹은 유물론, 플라톤의 철학 혹은 칸트의 철학, 합리주의 혹은 경험주의 등이 전자의 경우가 된다. 이것들은 어떤 문제에 대한 철학적 주장이다.

반면에 철학적 사고는 과학적인 사고형태와 비교할 수 있는 특수한 형태의 사고를 가리킨다. 따라서 철학적 학설은 철학적 사고의 결과임을 알 수 있다. 따라서 철학적 학설은 철학적 사고를 이해함으로써 보다 분명히 이해하게 된다. 그러므로 우리의 가장 중요한 문제는 철학적 사고가 무엇인가를 밝히는 데 있다. 그러나 이 문제는 그에 앞서 사고가 무엇인가를 먼저 밝힐 것을 요구한다.

2 . 사 고 란 무 엇 인 가

'사고' 혹은 '생각'은 모두 의식에 관한 개념이다. 그러나 모든 의식이 사고는 아니다. 의식은 경우에 따라 어떤 상태를 가리키기도 하고 어떤 활동을 가리키기도 한다. 사고는 의식의 어떤 활동 능력을 의미한다. '사고하는 사람', '생각하는 사람'이라 할 때, 우리는 어떤 사람의 의식상태보다도 그가 가지고 있는 일종의 의식의 활동 능력을 말한다.

의식의 활동 능력은 다시 두 가지로 구분지어 고찰할 수 있다. 어떤 의미에서 모든 동물체는 의식활동의 기능을 가지고 있다. 아무리 하등동물이라 해도 넓은 의미로서의 감각을 가지고 있고, 조금 발달된 생물은 지각의 기능을 발휘한다. 지렁이도 건드리면 꿈틀거리고 똥강아지도 주인만은 잘 알아본다. 그러나 이와 같은 동물의 의식기능이 사람이 의식과 어떻게 다른가 하는 문제는 뒤에 보기로 하고, 여기서는 우선 동물의 의식기능과 사람의 의식기능이 다르다는 것으로 일단 독단적인 판단을 내리기로 하자. 따라서 우리는 동물의 의식기능과 인간의 의식기능을 구별하고, 여기서는 오직 인간의 의식기능만을 의식이라고 부르기로 하자.

그러나 의식기능이 그냥 그대로 사고의 동의어가 될 수는 없다. 나는 기쁨을 느낄 수 있는가 하면 분노에 울분하는 경우가 있고, 눈을 뜨고 흑백을 가릴 수 있는가 하면 5+7=12라는 이치를 이해한다. 이와 같은 기능은 다 같이 의식의 현상으로서, 그것은 크게 감성적 의식과 인식적 의식으로 구분해서 관찰된다. 다시 말해서 다 같은 의식의 형태이긴 하지만 '느낌'과 '앎'은 엄연히 구분된다. 느낌이 주관의 표현인 데 반해서 앎은 객관적 사실의 서술이다. 아무리 감정이 풍부한 사람도 논리를 따지는 데는 엉망일 수 있다. 이것은 의식의 감성적 차원과 지적 차원이 다르다는 것을 말한다.

의식의 이러한 분석은 사고라는 개념을 밝혀주는 데 도움이 된다. 왜냐하면 조그마한 것에도 예민한 반응을 보인다고 해서 그러한 반응을 사고라고 하지는 않기 때문이다. 사고는 의식의 지적 차원에만 적용되는 말이다. 그것은 의식의 인식적 기능, 즉 어떤 대상을 아는 힘을 두고 하는 말이다.

그러나 어떤 대상을 아는 데는 두 가지 다른 길이 있다. 하나는 직관적 앎이요, 또 하나는 추리적 앎이다. 앞서 말했듯이 우리는 누구나 눈을 뜨면 흑백색을 가려낼 수 있으며, 선을 하는 승려들은 어떤 절대적 진리를 직관으로써만 안다고 한다. 석가모니가 불교의 진리를 깨달은 것도 직관에 의해서요, 노자의 '도道'도 직관에 의해서 얻어진 앎이다. 뿐만 아니라 우리가 어떤 이상스러운 능력에 의해서 가만히 앉아 미래를 확실히 알고 한 번도 가 보지 못한 곳의 사건이나 사물들을 알 수도 있으리라는 것이 논리적으로 불가능하지 않다. 과학이 발달된 오늘날에도 어떤 영감이나 마술적 힘에 의해서 신비스러운 앎의 힘을 발휘할 수 있다고 자처하는 사람이 한둘이 아니다.

반면에 우리가 가지고 있는 대부분의 복잡한 앎은 직관이나 어떤 몇 가지 직관적 앎을 전제로 하고서, 영감보다는 이성에 의해서 논리를 따라 추리된 앎이다. 모든 과학적 지식, 대부분의 이른바 철학적 지식은 추리된 앎에 속한다. 직관적 앎의 기능을 지각적 혹은 직관적 인식이라고 한다면, 추리된 앎은 논리적 혹은 체계적 지식이라고 부를 수 있다.

그렇다면 문제는 위와 같은 두 가지 다른 앎의 기능을 다 같이 사고라고 부를 수 있는가? 만약에 직관적 인식기능도 사고라고 한다면 무당이나 그 밖의 여러 종교적 계시를 받았다는 사람들도 위대한 사고가라고 불러야 할 것이다. 그렇다면 이러한 신비스러운 영감이 우리가 흔히 말하는 지식이나 이성을 요구하지 않는 이상 아무리 무식한 사람이나 백지 같은 아동도 위대한 사고가가 될 수 있으며, 때에 따라선 갖가지 놀라운 본능을 가지고 있는 동물이나 곤충까지도 위대한 사고가가 될 수 있다는 논리가 선다.

이와 같은 부조리한 결론은 사고라는 개념을 좀더 제한해서 사용함으로써만 해소된다. 사고란 이성을 가지고 추리에 의해서 어떤 대상을 인식해내는 의식의 기능이다. 그렇기 때문에 직관으로써만 참된 절대적 진리를 파악할 수 있다고 강력히 주장하고 그런 전제하에서 학설을 세운 중요한 철학자 베르그송도, 그가 어떤 이론, 즉 철학을 체계적으로 추리해간 한에서만 중요한 철학자, 큰 사고가가 될 수 있었다. 그러나 논리적 추리 능력만 가지고는 사고한다고 할 수 없다. 그렇기 때문에 논리만을 다루는 논리학자나 수학자는 추리력이 뛰어났다는 것만으로는 위대한 사고가라는 영광을 갖지 못한다. 사고가는 추리력을 가지고 체계적으로 이론을 세울 수 있는 동시에 진리에 대한 강력한 집착을 나타냈을 때에만 될 수 있다.

철학적 사고는 위와 같이 정의된 사고의 한 특수한 형태를 가리킨다. 여기서 우리의 문제는 그 특수성이 무엇인가를 밝혀보는 데 있다. 철학적 사고의 본질은 근본적 사고, 전체적 관점, 반성적 사고에 있다.

3. 근본적 사고를 추구한다

흔히 철학은 어려운 것, 보통 생각으로 이해 안 되는 엉뚱하고 알 수 없는 소리를 하는 것으로 생각한다. 그러나 이러한 생각에는 근거가 없다.

철학적 사고는 우선 근본적인 것을 캐내려는 태도에서 찾아볼 수 있다. 사고에서 근본적이란 무엇을 말하는가? 그것은 앞에서 예를 들어 보았듯이 아버지를 당황시키는 유치원생 아들이 갖는 지적 궁금증 같은 것이다. "만약 모든 것은 신이 창조한 것으로 해석될 때 이해가 간다면, 그러한 신은 어디서 나왔다고 해야 설명이 되는가?", "만약 어떤 이가 대통령이기 때문에 위대하다면, 어째서 대통령은 위대한 것인가?"와 같은 종류의 사고가 근본적 사고의 태도를 나타내는 예가 된다. 이와 같은 관점에서 볼 때, 라이프니츠 혹은 하이데거적 질문, 즉 "어째서 애당초 아무 것도 없지 않고 무엇인가가 존재하는가?" 하는 질문이 철학적 사고의 소산이라는 것을 이해하고, 이러한 철학자들의 질문이 어린 아이들의 질문과 근본적으로 다를 바가 없다는 것을 알게 된다.

이러한 근본적 사고의 예 자체는 직감적으로 우리에게 그러한 사고가 어떤 종류의 것인가를 느끼게 하지만, 우리는 근본적이라는 말의 의미를 좀더 캐 볼 필요가 있다.

먼저 존재와 관련된 것에서 예를 들어 분석해 보자. 우리는 가령 '인간'이 무엇인가를 뻔히 안다고 자처하고 있다. 복돌이나 복순이가 똑같이 인간이라는 것을 알고 있다. 그러나 조금만 더 생각해보면 구체적인 인간으로서의 복돌이와 복순이는 사뭇 다르다. 따라서 어째서 다른 복돌이와 복순이가 같은 '인간'이라는 개념 속에 들어갈 수 있는가 하는 문제가 제기된다. 또 다른 각도에서 볼 때 인간이 동물과 다른 것은 자명한 것 같이 보이지만 좀 따져 보면 인간과 동물과의 구별은 그렇게 용이하지 않다. 따라서 "인간이란 무엇인가?"라는 질문이 튀어나온다. 이러한 질문이 바로 내가 말하는 근본적 사고의 예가 된다.

또 다른 예를 들어 생각해보자. 우리가 눈으로 볼 수 있는 흙·바위·나무·물 등 모든 물질은 서로 판이하게 다르지만 물리학에서는 그것이 모두 원자라는 요소로 환원된다는 것을 밝히고 있다. 따라서 물질은 결국 원자라는 결론이 선다. 그러나 원자 자체도 다시 전자 등으로 분석되며 현대미시물리학에서는 물질의 근본요소를 한 가지로 정확하게 규정할 수 없는 경지에 이르렀다. 이와 같은 예가 보여주듯이 근본적 사고란 사물을 분석하고 또 분석하여 그것의 가장 기본적인 요소에 이르려는 탐구적 태도이다.

좀더 다른 예를 들어보자. 우리는 모든 사물의 변화를 인과관계에 의해서 이해하게 된다. 따라서 비가 오는 현상은 습기와 온도의 현상에 의해 설명되고, 습기와 온도의 현상은 지구의 현상에 의해서 설명되며, 지구의 현상은 우주의 현상에 의해 설명되고, 우주의 현상은 따로 창조주의 현상에 의해서 설명된다. 그러나 창조주의 현상은 무엇으로 설명할 수 있는가? 이러한 연속적인 인과적 설명에 대한 요구도 이른바 근본적 사고의 좋은 예가 될 것이다.

마지막으로 가치와 관련된 근본적 사고의 예를 들어 보자. 사실, 현상 혹은 사건이 아닌 사람의 행위는 인과관계에 의해서 설명되는 대신에 욕망과 목적의 관계에 의해서 설명된다. 왜냐하면 사람은 그냥 움직이는 것이 아니라 어떤 정신적 표상인 의도에 따라 자신의 움직임을 선택하고 결정한다고 믿기 때문이다. 사람이 그의 욕망에 따라 무엇인가를 의도하고 자신이 의도하는 목적을 세울 때, 그러한 목적을 우리는 가치라고 부른다. 바꿔 말해서 가치는 어떤 욕망을 만족시키는 대상에 불과하다. 졸업장을 따고 싶은 이에게는 학교교육이 가치가 된다. 그러나 우리는 다시 물어볼 수 있다. "무엇때문에 졸업장을 따려고 하는가?" 다시 말해서 "졸업장은 무슨 가치가 있는가?"라고.

만약 우리가 원하는 것이 취직을 하는 것이고, 졸업장이 그러한 목적을 달성하는 데 도움이 된다면 그것은 우리에게 가치가 될 것이다. 그러나 우리는 또 다시 취직이 가치가 있는가 없는가를 물어보게 되고 그 물음은 보다 근본적인 우리의 욕망에 의해서 설명된다. 결국 학교에 다니는 일의 가치는 보다 근본적이고 또 더 근본적인 가치에 의해서만 설명되게 마련이다. 그러나 우리는 우리가 궁극적으로 욕망하는 것이 가치가 있는가를 캐물어볼 수 있다. 모든 가치가 막연하나마 생의 충족에 의해서 설명되지만, 그러한 만족·충족이 궁극적인 가치가 있는가를 물어볼 수 있다. 흔히 "인생의 의미는 무엇이냐"하는 질문을 던지는 수가 많지만 이러한 질문은 결국 가치의 근본을 캐묻는 사고에서 나오는 것이다. 이와 같이 질문이 논리적으로 어느 정도 타당한가 않은가는 고사하고 일상 들을 수 있는 이런 질문은 가치에 대한 근본사고를 나타내는 예이다.

모든 철학적 사고는 반드시 위의 예에서 본 바와 같은 근본적인 것에의 추구를 하나의 특성으로 나타내고 있다. 이른바 고전적 철학의 대부분은 근본적인 존재가 무엇인가를 캐내려고 했고 그 문제에 여러 가지 해답을 제시하고 있다. 플라톤은 모든 존재의 근원을 '이데아'에서 찾았고, 힌두교에선 '브라만'에서 찾으려 했고, 헤겔은 '절대정신'에서 찾았고, 베르그송은 '생명의 약동élan vital'에서 찾았고, 사르트르는 '즉자'와 '대자' 속에서 찾았다. 철학의 가장 근본적인 문제가 '존재'를 연구하는 데 있다고 주장한 하이데거의 말도 이런 맥락에서 충분히 이해된다.

유명한 데카르트의 '의심'이나 후설의 '현상적 판단 중지' 혹은 칸트의

'비판'은 인식에 관한 철학적 사고의 근본성을 잘 보여주는 예이다. 데카르트와 후설은 300년이라는 시간적 거리를 두고도 앎의 확실한 토대를 찾아내려고 애썼다. 가령 데카르트는 이른바 우리가 직접 경험을 통해서거나 혹은 교육을 통해서 얻은 앎이 얼마나 불확실한 것인가에 주목하고, 모든 앎이 참되지 않다고 의심할 논리적 근거가 있다고 믿었다. 그리하여 그는 철석같이 확실한 가장 기본적 앎에서 출발하여 물 샐 틈 없는 논리로써 모든 앎의 체계를 세우고자 했다. 다시 말하자면 그는 앎을 비판 없이 거의 맹목적으로 받아들이기를 거부한 것이다. 한편 칸트는 인식에 대한 기존의 합리주의적 설명과 경험주의적 설명에서 다 같이 모순과 문제점을 인식하고 그것을 극복해서 새롭고 더 근본적인 인식에 대한 이론을 세우기 위해 철통 같고 물 샐 틈 없는 경험의 분석을 시도했다.

이와 같이 근본적인 것으로 파들어가는 사고의 태도는, 때로는 너무나도 작은 문제를 파고들어 분석하는, 오늘날 영미철학계를 지배하고 있는 분석철학에서 가장 뚜렷하게 나타났다.

그러나 위에서 본 바와 같은 근본적 사고는 철학적 사고의 한 편을 보여줄지라도 그것을 완전히 밝혀주지는 못한다. 바꿔 말해서 근본적 사고는 철학적 사고의 필요조건이긴 하지만 충분조건이 될 수는 없다. 왜냐하면 근본적으로 문제를 파악하려는 태도는 철학뿐만 아니라 모든 학문의 공통된 꿈이기 때문이다. 미시물리학·미시생물학 등은 물론 모든 과학은 가장 근본적이고 원리적인 요소로써 다양한 현상을 밑바닥으로부터 이해하고자 하는 것이다.

4. 전체적 관점에서 본다

어떤 문제를 근본적으로 이해하려는 태도는 그 문제를 보다 전체적인 입장에서 이해하려는 태도로 전환된다. 어떤 문제는 그것이 보다 넓은 콘텍스트 안에서 설명되었을 때 그만큼 깊이 이해된다. 나무에서 사과가 땅에 떨어지는 현상이나 바다의 조류라는 별개의 현상들이 만유인력의 법칙이라는 것에 의해서 다 같이 설명되었을 때, 사과가 땅에 떨어지는 현상이나 조류현상은 보다 깊이 설명된 것이다. 아인슈타인의 '일반상대성원리'나 최근의 '미시물리학이론'들이 위대한 이론인 까닭은 그 이론들이 각기 다른 부분적인 많은 이론들을 총괄적으로, 즉 전체적으로 설명해주기 때문이다. 오늘날 물리학에서는 상대성원리와 미립자원리를 종합해서 하나의 전체로 파악할 수 있는 이론을 모색하고 있다.

인식의 한 형태로서의 철학은 어느 학문보다도 전체적인 파악을 지향한다. 이와 같은 철학의 성격은 이른바 형이상학에서 각별히 나타난다. 플라톤은 모든 이상, 모든 존재를 '선善'이라는 근본적 '이데아'로 설명하려 했고, 아리스토텔레스는 모든 존재를 '움직이지 않는 작용자unmoved mover'로써 설명하려 했으며, 니체는 '권력에의 의지'로써 모든 것을 전체적으로 이해하려 했다. 여러 철학 가운데서도 헤겔의 철학은 모든 것을 하나의 전체로써 체계적으로 파악하려 했던 가장 뚜렷한 예가 된다. 헤겔은 우리가 생각할 수 있는 자연 혹은 문화적 현상을 '절대정신'의 논리적 발전 과정에 불과한 것으로 본다. 여기서 헤겔의 철학이 얼마만큼이나 전체적인 설명을 꾀했는가를 좀더 잘 이해하기 위해서는 그의 철학이 비단 자연현상뿐만 아니라 모든 문화현상까지도 똑같은 한 가지 원리에 의해서 포괄적으로 설명하고 있는 데 주목해야 한다. 그에 의하면 인간의 역사, 예술의 변화, 미술사의 과정도 다 같이 유일한 법칙에 따라 거의 기계적으로 설명된다는 것이다.

전체적으로 문제를 파악하려는 태도가 철학적 사고의 한 중요한 핵심을 이루긴 하지만, 이것 역시 철학적 사고의 독점물은 아니다. 왜냐하면 이러한 태도는 모든 학문이 공통적으로 지향하는 이상이기 때문이다. 종교에서 사물을 전체적으로 파악하려는 태도는 더 확실히 나타난다. 종교에서 말하는 '신'이라든가 '절대자'라든가 하는 개념은 인간이 경험할 수 있는 모든 현상들을 총괄적으로 설명하는 데 필요하기 때문에 생긴 개념이다.

그럼에도 불구하고 분명히 철학은 같은 학문이면서도 과학과도 다르고 신학과도 다르다. 우리는 여기서 다시금 사고의 전체적 관점은 철학적 사고의 필요조건일 수는 있지만 충분조건이 아님을 깨닫게 된다. 따라서 정말 철학적 사고를 이해하려면 그 사고의 특성을 근본적인 태도에서만도 아니고 전체적 관점에서만도 아닌 다른 차원에서 찾아야 한다. 여기서 우리는 철학적 사고의 반성적 성질에 주의를 돌리게 된다.

5. 반성적 사고

1) 언어와 사고

앞에서 우리는 사고라는 개념이 오직 인간에게만 해당되는 것으로 취급했다. 그러면서 우리는 사고가 물질현상과는 달리 정신현상이긴 하더라도 역시 일종의 자연현상인 것처럼 취급했다. 어떤 사물이나 사실 혹은 문제에 대해서 사고한다고 할 때 우리는 반드시 그 사고의 대상과 대립되는 의식이라는 인간의 정신적 현상을 전제로 한다. 사고란 다름아니라 어떤 대상과 마주했을 때 일어나는 한 주체의 정신적 반응을 가리키는 것이다. 여기서 주체와 객체는 논리적으로 완연히 구별이 가지만 그것은 다 같이 한 우주 안에서 일어나는 두 개의 현상 간의 관계라고 볼 수 있다. 그 관계는 마치 사진을 찍을 때의 사물과 필름의 관계에 비교된다.

이와 같이 생각해볼 때 우리가 말하는 앎, 즉 인식이란 사실도 두 가지 사건 사이에서 생기는 물리작용에 불과하다고 생각된다. 그러나 이러한 해석은 우리가 직관에 의해서 알고 있는 인간의 인식과 동물의 본능, 나아가서는 생물체의 행태와 무생물체의 현상 사이에 있는 의심할 수 없는 구별을 흐리게 만들고 따라서 참다운 인간의 사고나 인식의 기능을 이해하지 못하게 만든다.

우리 자신의 인식경험을 좀더 반성해 보면 하나의 놀라운 사실을 발견하게 된다. 오관을 가지고 살아 있는 우리가 어떤 대상을 대할 때 우리는 그 관계를 두 가지 면에서 생각할 수 있는데, 그 두 가지 관계 사이에는 물질적, 즉 육체적인 관점, 다시 말하면 제삼자의 입장에서 객관적으로 볼 때는 아무런 차이가 없다. 그러나 주관적, 즉 어떤 대상과 관계를 맺고 있는 본인 자신의 입장에서 볼 때는 뛰어넘을 수 없는 거리가 있다. 나의 육체가 어떤 대상에 대해서 물리적 반응을 일으키는 것과, 그런 반응을 일으키면서 그 대상을 무엇인가로 의식, 즉 인식하는 것은 전혀 다르다.

어떤 대상을 무엇으로 인식할 때의 필요조건은 다름아니라 언어의 개입이다. 가령 내 앞에 의자라는 물체가 있다고 하자. 내가 눈을 떴을 때 나의 눈과 그 의자 사이에는 반드시 어떤 종류의 물리관계가 성립되고 그 관계는 물리학적인 설명만으로도 충분히 해석된다. 그러나 이것으로는 내가 그 의자를 의자로 인식할 수 있다고는 말할 수 없다. 내가 그 의자를 의자로 인식할 때, 내가 그 의자라는 물체에서 오는 물리적 자극을 의자라고 말하는 범주에 따라서 이미 분별하고 있는 것이다. 그리하여 순전히 물리학적으로만 설명될 수 있는 어떤 대상과 나와의 관계를 존재적 관계라고 부르고, 이와 구별해서 그 대상을 내가 무엇무엇으로 인식할 때의 관계를 의미적 관계라고 부를 수 있다.

이와 같은 나의 해석은 정확한 의미로서의 사고가 언어 없이는 있을 수 없다는 결론으로 이끌어 간다. 바꿔 말해서 사고, 나아가서는 의식까지도 반드시 언어가 있음으로써만 가능하다는 것이다.

통속적인 생각을 따른다면 언어는 사고와 분리되고 언어는 이미 언어 이전에 존재하는 사고를 표현해주는 피상적인 것으로 되어 있다. 통속적인 생각뿐만 아니라 많은 철학자들까지도 언어 이전의 인식, 언어 이전의 사고를 주장하고 있지만, 이와 같은 견해는 내가 주장하는 바와 같은 존재차원과 의미차원을 이해하지 못한 때문이며, 존재차원과 의미차원 간의 구별은 논리적으로나 실험적으로 증명될 수 없는 것임에도 불구하고 현상적으로 볼 때 그와 같은 시비 속에 이미 전제되어 있는 가장 근본적인 직관으로 알 수 있는 진리라고 믿는다. 존재적 차원과 구별해서 따로 존재하는 의미적 차원이 없다고 주장거나 생각하는 그 자체는, 이 물리적인 현상을 지적하는 것이 아니라 이미 무엇인가를 의미하고 있는 것이 아닐까?

2) 과학적 언어와 철학적 언어

인식은 어떤 대상의 의미화라 할 수 있고 그것은 또한 경험의 언어화라고 말할 수 있다. 달리 말해서 인식은 어떤 대상과 언어와의 관계를 뜻한다. 언어로 서술되지 않고서는 인식도 없고 엄밀한 의미에서 경험도 없다. 이와 같이 하여 대상을 서술하는 언어는 이른바 넓은 의미로서의 과학, 즉 어떤 사물이나 사실에 대한 앎을 구성한다.

여기서 우리는 '과학'이라는 개념을 넓은 의미로 사용하기로 한다. 앞서 간단히 말했지만 사실에 관한 앎은 직접적 혹은 지각적 앎과, 간접적 혹은 이론적 앎으로 구분된다. 눈을 뜨면 이론으로 따지지 않더라도 우리는 강아지와 쥐새끼를 대뜸 구별하는가 하면, 사과가 왜 나무에서 떨어지나를 아는 것은 눈으로 직접 보아서가 아니라 간접적으로 추리해서 얻은 이론적 앎이다. 그러나 좁은 의미로서의 과학도 비록 간접적이지만 반드시 어떤 대상에 대한 서술, 즉 대상에 대한 언어이다. 이리하여 모든 과학언어, 즉 인식언어는 언제나 어떤 구체적인 대상, 즉 언어 아닌 사건과 직접 관계하고 있다.

그러나 모든 과학언어, 즉 인식적 서술이 참(眞)이 될 수는 없다. 우리가 앎이라고 믿는 많은 것들이 흔히 잘못일 수 있고, 과거에 많은 과학자들이 앎이라고 믿었던 것들이 오늘날에 와서는 완전히 잘못으로 나타났음은 누구나가 아는 사실이다.

여기서 우리는 인식언어의 진위를 결정하는 규준의 문제와 만난다. 1920년대에서 1940년대까지 영미철학계에 크나큰 영향을 미친 논리실증주의에 의하면, 어떠한 사실을 서술하는 언어, 즉 진술proposition이 정말 하나의 진술로 받아들여지려면, 그 진술은 적어도 원칙적으로 경험을 통해서 그것의 진위가 실증될 수 있어야만 된다고 주장한다. 다시 말하자면 논리실증주의는 인식언어의 규준을 세운 것이다. 만약에 이러한 규준에 맞지 않는다면 겉으로는 아무리 인식언어인 것처럼, 즉 어떤 대상을 서술하는 것처럼 보일지라도 실제로 인식적인 관점에서 볼 때는 전혀 의미가 없다. 그리고 일단 이러한 규준에 의해서 인식언어로서 의미가 있다고 결정될 때, 그 언어는 다시금 진위의 규준에 의해서 그 인식의 가치가 정해진다.

그러나 여기서 대뜸 생기는 문제는 이러한 규준 자체가 옳은가 옳지 않은가 하는 점이다. 여기서 우리가 그러한 규준은 옳다 혹은 틀렸다 할 때 우리는 일종의 대상을 두고 그것에 대한 인식언어를 진술하는 것이다. 그러나 이런 경우에서 언어가 대상으로 하는 것은 앞서 고찰한 인식언어처럼 어떤 구체적인 사물이나 사건이 아니라, 어떤 사물이나 사건에 대한 진술, 즉 인식언어 자체를 그 인식언어의 대상으로 하고 있다.

다시 말하자면 하나의 인식언어, 즉 과학적 언어에 대한 인식언어, 즉 2차적 인식언어가 된다. 이것이 다름아니라 철학적 언어를 이루고 이러한 의식의 활동이 철학적 사고를 이룬다. 대상에 대한 과학의 언어를 1차적 언어라고 부른다면, 철학의 언어는 과학의 언어에 대한 언어로서 2차적 혹은 고차적 언어meta-language라고 부를 수 있다. 따라서 뒤집어 생각하면 철학적 사고의 대상은 사물이나 사건과 같은 언어 바깥에 있는 실체가 아니라 언어 자체인 것이다.

그러나 이와 같은 설명은 아직도 충분치 않다. 실상 철학은 과학언어에 대한 언어라기보다는 과학언어와 그것이 서술대상으로 하는 사물이나 사건과의 관계 자체를 사고의 대상으로 하고 있다. 도식적으로 설명해서 어떤 사실에 대한 인식은 한편으로 인식의 대상과 또 다른 한편 그 대상이 인식화된 언어를 필요조건으로 하는데, 철학적 사고는 어느 한 쪽 것만을 그의 대상으로 삼지도 않고 다만 그 두 가지 사이에 있는 관계를 대상으로 하고 있다. 또 한번 바꿔 말해서, 철학적 사고는 사물에 관한 사고도 아니고, 그 사물의 의미에 관한 사고도 아니고, 그 두 가지 사이에 맺어지는 관계라는 새로운 사실 아닌 사실을 대상으로 한다.

보통 사람들뿐만 아니라 약 2천 년 동안 위대한 철학적 업적을 남긴 거의 대부분의 철학자들까지도 철학적 사고가 과학적 사고와 근본적으로 다른 것은 없고, 그것이 다르다면 철학적 사고가 근본성 혹은 전체성을 갖는 데 있다고 믿어왔었다. 그러나 위에서 본 바와 같이 철학적 사고가 과학적 사고와 근본적으로 다르다는 것이 20세기에 들어와서 논리실증주의자들, 특히 이른바 언어철학자에 의해서 비로소 밝혀진 것이다.

과학은 반드시 어떤 존재, 즉 사물 혹은 사건에 대한 직접적인 앎이지만 철학은 결코 그러한 것에 대한 직접적인 앎일 수 없다. 따라서 실증주의자들 말마따나 과거의 많은 철학, 특히 최고의 철학이라고 믿어진 형이상학이 경험할 수 없는 어떤 실체들에 관해 진술하지만, 이와 같은 진술은 엄밀히 따져서 정말 진술이 아니라 다만 그렇게 보이는 사이비 진술임을 알게 된다. 다시 말해서 형이상학적 진술은 정말 어떤 실체를 서술하는 앎이 될 수 없는 것으로서 일종의 공허하고 근거 없는 헛소리와 같은 것이라는 주장이 서게 된다.

왜냐하면 정말 앎에 관한 진술이 되려면 그 서술은 원칙적으로 반드시 경험을 통해 진위를 가려낼 수 있는 성질의 것이 되어야 하는데, 이른바 형이상학적 진술은 위와 같은 조건을 만족시켜주지 못하기 때문이다. 가령 "하늘은 푸르다"라고 진술할 때 그 진술이 맞는가 안 맞는가는 경험을 통해서 알 수 있다. 또한 "금성에는 물이 있다"라고 할 때 이 진술이 맞는지 어떤지는 아직 아무도 경험으로나 실험으로써 결정할 수가 없다. 그럼에도 불구하고 그 진술은 원칙적으로 기술이 발달되면 실험될 수 있는 사실이다. 그렇기 때문에 위와 같은 진술은 진짜 진술, 즉 인식적 언어가 될 수 있다.

이와 비교해서 "하느님은 전지전능하시다" 혹은 "시초에 정신이 있었다"라고 할 때 우리는 그러한 진술이 맞는지 틀리는지 알아볼 길이 전혀 없다. 따라서 이와 같은 진술은 인식적 언어가 될 수 없고 사이비 진술로 나타난다. 그래서 논리실증주의자인 카르납 같은 철학자는 모든 '형이상학의 제거'를 주장했던 것이다. 여기서는 과연 모든 형이상학이 제거될 수 있는가 어떤가를 따지지 않더라도 카르납의 주장에 중요한 일리가 있음은 철학적 사고와 과학적 사고의 관계를 관련시켜 생각해보는 것으로써 충분하다. 편의상 도식을 그려서 보면 과학적 사고와 철학적 사고의 관계는 다음과 같이 표시된다.

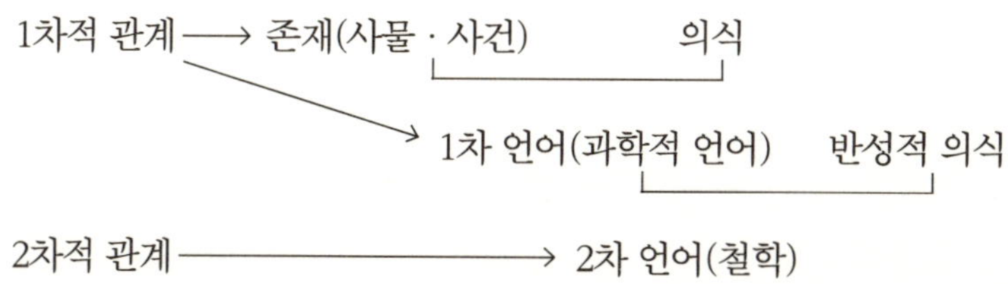

과학과 철학의 관계가 위와 같이 이해되었을 때 우리는 이른바 '과학철학' · '예술철학' · '논리학' · '정치학' · '법철학' · '종교철학' 등등이

무엇을 의미하는가를 알게 된다. 과학철학이란 다름아니라 이미 지식으로 성립된 과학에 대한 2차적 사고이며, 마찬가지로 법철학은 이미 사용되고 있는 법에 대한 2차적 사고이다. 이와 같이 해서 사실상 모든 앎, 모든 행위, 모든 믿음은 철학적 사고의 대상이 될 수 있는 것이다. 요약하자면 철학적 사고의 근본적인 특징은 그 사고가 과학적 사고에 비추어 볼 때 반성적이라는 점이다.

오랫동안 철학은 지식에 관한 연구, 즉 학문이라는 뜻을 가졌었고 그 지식의 대상은 모든 형태의 자연현상에 대한 하나의 정신현상인 논리를 모두 포함했다. 그래서 예를 들어 아리스토텔레스의 철학은 물리학은 물론 의학까지를 포함했고, 뉴턴도 물리학을 '자연철학'이라고 생각했으며 그러한 관습은 오늘날에도 어떤 대학강좌의 이름 속에서 아직도 가끔 나타나고 있다. 그러나 여러 학문들은 이른바 철학이라는 모체로부터 하나씩 분화되어 물리학·천문학·의학·생물학·심리학·사회학·정치학 등으로 계속 이탈되어 가고 있다.

이러한 철학의 역사를 볼 때 멀지 않아 철학은 그것의 고유한 연구의 대상을 하나둘씩 모두 상실하여 할 일이 없는 학문, 파산을 면치 못할 학문이 되지 않을 수 없는 운명을 지니고 있는 것같이 보인다. 그러나 이와 같은 우려는 철학적 사고의 본질이 반성적 사고라는 것을 이해하지 못한 데서 오는 쓸데없는 걱정에 불과하다. 여러 학문의 철학으로부터의 분화현상은 철학의 노쇠소멸의 역사를 보여주는 것이 아니라, 오히려 철학의 본질이 무엇인가를 드러내는 과정이다. 인간이 사고하는 능력을 갖는 이상 철학적 사고는 결코 사라지지 않을 것이다.

철학적 사고가 반성적 혹은 2차적 사고, 즉 사고의 사고라는 것을 이해한다면, 아무리 물리학·심리학·사회학 등이 막연하게 불린 철학에서 분리해 나가더라도 우리는 물리학에 대한 사고, 심리학에 대한 사고, 사회학에 대한 사고가 불가피하게 되며, 이러한 사고는 철학적인 사고로서 물리학·심리학·사회학과는 그 사고의 성격을 엄연히 달리 한다.

3) 전통철학과 분석철학

흔히 모든 학문은 결국 철학으로 통한다고 말한다. 이 말은 엄청난 우주나 인생의 의미에 대한 궁극적 해답을 철학 속에서 발견할 수 있을 것이라는 통속적인 관념과 통한다. 그래서 상식이나 과학적 지식으로 해결할 수 없는 어떤 어려운 문제가 나오면 "철학자들은 뭘 하는가", "철학자들은 인류가 갈 길을 제시해줄 수 없느냐?"라는 요구의 소리가 간간이 들린다. 이런 요구가 만족되지 않을 때 많은 사람들은 요즘 철학자들은 어째 그 모양이냐라든가 혹은 아예 철학은 쓸모없는 무용지물이라고 경멸해버리는 반발을 보이게 된다.

이러한 철학관은 비단 일반 사람들이 가지고 있는 것일 뿐만 아니라 많은 철학자들, 아니 위대한 철학자 자신들까지도 갖고 있던 생각이다.

편의상 이와 같은 철학관을 가진 철학자들의 철학과 이와 같은 철학관을 부정하고 나온 철학자들의 철학을 구별해서 전자를 전통철학, 후자를 분석철학으로 부른다. 구체적으로 전통철학은 플라톤·노자로부터 20세기 초까지의 모든 철학자와 20세기 이후의 현상주의 철학자나 실존주의자들을 가리키고, 분석철학은 논리실증주의 이후의 언어적 철학이라고도 불리는 영미철학의 주류를 가리킨다.

전통철학자들은 노자 혹은 플라톤에서부터 데카르트·칸트·헤겔·

니체·후설·화이트헤드·하이데거·사르트르에 이르기까지 어떠한 우주의 현상에 대한 진리를 밝히려고 했었고, 제각기 자기대로의 대답을 제시했다. 철학도 과학에서와 마찬가지로 어떠한 사실을 보고(視) 서술하며 집도하는 것으로 생각했다. 하이데거가 철학의 근본적인 과제를 '존재'의 연구에 있다고 보았던 것은 우연한 사실이 아니다. 플라톤은 가장 근본적인 존재를 '이데아'에서 보았고, 베르그송은 '생명의 약동'에서 보았고, 니체는 '권력에의 의지'에서 보았다. 한편 데카르트나 후설은 우리가 무엇을 인식하는 그 현상을 근본적으로 보고 서술하고 밝혀내려고 했으며 흄이나 칸트도 자신들이 하고 있는 철학이 그러한 일을 하는 것이라고 생각했다.

해가 왜 뜨나, 혹은 복돌이의 주머니엔 무엇이 들었나 하는 것을 알아내는 일과 철학이라는 일은 근본적으로 다르지 않게 된다. 결국 철학도 과학과 마찬가지로 사물이나 사건 등의 비밀을 캐내는 일을 그 연구의 목적으로 한다는 것이다. 철학이 과학과 다른 것은 오직 전자가 더 총체적이며 신비스럽고 심오한 비밀을 캐낸다는 점에서 차이가 있을 뿐이라는 것이다.

그러나 전체성이나 근본성 혹은 심오성은 철학만의 특수한 성격이 될 수 없다. 왜냐하면 천문학에서 다루는 문제는 그 규모에서 플라톤이나 헤겔의 형이상학적 문제보다 작은 문제라고 말할 수 없고, 더 근본적이 아니라 말할 수 없으며, 칸트의 인식론이나 데카르트의 사고의 방법론이 현대물리학보다 심오하며 베르나르의 실험적 방법론보다 심오하다는 아무런 근거도 없다. 그렇다면 천문학·물리학 또는 의학적 지식이 허무맹랑하지 않은 이상 구태여 흔히 허무맹랑하고 알송달쏭하다는 철학적

이론에 대해서 무엇 때문에 관심조차 둘 필요가 있겠는가? 결국 전통적 철학관을 갖고 있는 이상 철학자는 스스로 자신의 학문이 아무 근거가 없고 무의미함을 깨닫게 될 것이다. 요약해서 철학은 스스로의 존재이유를 잃게 마련이다.

그러나 철학적 사고는 어디에서나 또 어느 때고 중단되지 않는다. 이 사실은 전통철학의 철학관이 틀렸다는 것을 의미하고, 반성적 사고인 철학적 사고가 비반성적 사고인 과학적 사고와 근본적으로 다르다는 것을 보여준다.

그렇다고 해서 전통철학이 엄밀한 의미에서 철학이 아니다라는 결론이 서지는 않는다. 실상 전통철학은 과학에서는 얻을 수 없는 위대한 사고의 소산이며, 비록 전통철학자들이 철학의 본질을 분명하게 의식하지 못했더라도 그들은 여전히 위대한 철학자들로 영원히 남아 있다. 왜냐하면 그들이 하는 일이 무엇인지를 엄격히 의식하지 못하고 어떤 사실이나 사건에 대한 서술을 하고 있다고 착각하고 있으면서도 실상 그들이 남긴 것은 경험에 대한 반성, 과학에 대한 반성, 즉 2차적 사고의 결실이었던 것이다. 그들의 연구분석 대상은 과학자의 연구분석 대상과는 달리 어떤 사물이나 사건이 아니라, 그런 사물이나 사건에 대한 경험·지식 등이었던 것이다. 이러한 사실은 그들의 철학을 조금이라도 뒤돌아볼 때 충분히 수긍된다.

예를 들어 플라톤은 선善 또는 정의가 무엇인가를 아는 일이 그가 실천해보인 철학적 사고의 목적이었다. 그러나 그가 한 것은 선이거나 정의라는 하나의 존재하는 현상으로서가 아니라 '선'이라는 말, '정의'라는 말의 의미가 무엇인가를 분석했던 것에 지나지 않는다. 또한 데카르트가 의심할 수 없는 지식을 추구했을 때, 실상 그가 한 일은 그런 종류의 지식을 마치 우리가 금덩어리를 모래 속에서 찾듯이 찾은 것이 아니라, 어떤 경우에 '의심할 수 없는 지식'을 가졌다는 말을 쓸 수 있는가를 따졌던 것이고, 칸트는 어떻게 해석하면 우리가 객관적으로 무엇을 인식했다고 할 수 있는가를 분석했던 것이다. 이와 같은 해석은 헤겔 · 베르그송 · 하이데거 혹은 사르트르에게 다 같이 적용된다.

철학이 과학과는 달리 반성적 사고, 즉 사고에 대한 사고라는 사실은 철학가가 철학적 사고를 할 때 그는 어떤 구체적 실험을 한다든가 어떤 조사를 하기 위해서 구체적인 사실을 기입하지 않고 방 안의 의자에 앉아 파이프만 물고 생각한다는 사실로도 증명이 된다. 만약 철학의 목적이 과학과 똑같이 우주나 그 안에서 일어나는 모든 현상에 대한 앎에 있다면 그도 과학자와 마찬가지로 실험을 해 본다든가 현지조사 같은 것을 해야 할 것이다. 과학자는 시공 속에 존재한 사물이나 사건과 직접 부딪힘으로써 그런 것에 대한 앎을 얻을 수 있지만, 철학자가 의자에 앉아 하는 사고는 과학자들이 사물이나 사건에 대해서 한 말(言語)을 그 대상으로 삼는 것이다. 요약해서 철학은 과학자들이 한 진술에 대한 진술, 즉 2차적 진술인 것이다. 또 한 번 바꿔 말해서 철학은 과학언어에 대한 언어인 것이다.

이와 같은 철학의 본질을 확실히 의식하게 된 이른바 분석철학자들 중에는 철학이란 '언어의 분석', 더 정확히 말해서 '개념의 명백화'에 지나지 않는다고 주장하는 사람이 있다. 이와 같은 철학관은 대충 말해서 카르납이나 무어, 비트겐슈타인, 라일 같은 사람들에 의해서 크게 주장되었고, 영미철학에 큰 영향을 계속 미치고 있다. 철학은 여러 가지 개념의 정확한 의미, 그것들 간의 정확한 관계를 밝히는 데 있다는 것이다. 이리하여 철학은 결국 넓은 의미로서의 논리에 그치고 만다. 철학적 문제가 논리적 문제로 낙착되고 만 셈이다.

논리는 사고를 대상으로 하는 사고인데, 과학이 어떤 사물이나 사건의 '진위'를 가리는 것을 목적으로 하고 있는 데 반해서 논리는 어떤 사고의 '정당성' 혹은 부당성을 따지는 데 목적을 두고 있다. 진眞 혹은 위僞는 정당성 혹은 부당성과 전혀 다른 차원에 속하는 개념이다. 내가 곰이라고 한다면 그것은 분명 틀린 것(僞)이지만, 만약 모든 한국인이 곰이라고 한다면 내가 한국인의 한 사람이니까 나는 곰이다라는 삼단논법은 정당하다. 논리가 사실과 직접 연결되지 않는다는 것은 수학을 생각해봐도 잘 알 것이다. 우리는 어떤 사실과는 관계 없이 수학문제를 풀면서 그것을 맞았다(정당하다) 혹은 틀렸다(부당하다)고 할 수 있다. 수학 문제의 답이 옳고 그른 것을 결정하기 위해서 어떤 사물이나 사건을 조사할 필요가 전혀 없는 것이다.

그럼에도 불구하고 철학적 사고의 반성적, 즉 2차적 본질을 강조하는 나머지 철학을 논리 자체로서 생각하는 경향은 근래 철학적 논문을 다루는 스타일에서도 엿볼 수 있다. 최근 대부분 분석철학자들의 논문은 많은 기호논리학을 직접 사용하고 있고, 아주 작은 문제를 물 샐 틈 없이 논리적으로 분석하는 데 집중되고 있다. 그리고 많은 논문들은 어떤 긍정적인 해답을 제시하기보다는 다른 철학자들의 논문에서 볼 수 있는 논리적 결함성을 지적하는 것으로 만족하고 있다.

철학이 이처럼 논리에만 치중하고 또 다른 차원을 몽땅 잊어버릴 때, 철학이라는 막연한 것에 관심을 두었던 초학도들의 반발과 혐오심을 자극하는 것은 당연하다. 필자도 처음에 이른바 분석철학을 대했을 때 한 때는 크게 실망했던 경험을 기억하고 있다. 이런 점에서 마르쿠제가 그의 『1차원적 인간』에서 분석철학을 맹렬하게 비판한 이유가 이해될 성 싶다. 논리가 철학의 근본적인 조건이라는 것은 두말 할 것 없이 이해되긴 하지만, 철학을 논리와 동일시한다는 것은 철학의 본질을 착각하고 오직 철학의 2차적 본질을 잊고 있으므로 생긴 잘못이라고 믿는다. 왜냐하면 논리나 수학은 개념의 게임과 같아서 그 자체로는 어떤 사실에 대한 지식도 보태주지 못한다. 그렇기 때문에 극단의 경우 분석철학은 언어의 유희처럼 느껴지고 쓸데없고 하찮은 일처럼 보인다.

철학적 사고에서 논리를 빼고 생각한다는 것은 철학 자체를 부정하는 것과 마찬가지 격이지만, 철학적 사고는 논리만으로 만족될 수 없다. 철학은 공허한 언어의 분석에 그치지 않고 결국에 가서는 우주나 인간 등 존재하는 모든 것에 대한 앎을 이룩하자는 데 있다. 물론 앞서 강조한 바와 같이 철학적 지식은 과학적 지식과 달리 존재와는 직접 관계가 없는 반성적 사고이긴 하지만, 이러한 사고에 의해 얻어지는 지식은 간접적으로 존재하는 것, 즉 과학이 그 지식의 대상으로 한 것과 관계를 맺고 있다. 따라서 철학적 진리는 궁극적으로 객관적인 존재에 의해서 결정된다.

여기서 우리는 철학적 사고의 정체를 보다 총괄적으로 이해할 수 있게 된다. 철학적 사고는 한편으로 존재를, 또 다른 한편으로는 그 존재의 서술인 언어를 동시에 대상으로 함으로써 그 둘 사이의 관계를 검토하고 분석한다. 달리 말해서, 과학이 존재를 대상으로 삼고 그것을 서술함으로써 그 기능을 완수하는 데 반해서 철학은 존재와 과학적 서술을 동시에 대상으로 하면서 그것 간의 관계를 사고한다. 철학은 존재와 언어 양쪽에 다리를 걸치고 그 사이에 존재할 수 있을 뿐이다. 철학의 본질이 이처럼 해석되었을 때, 철학은 크게 나누어 다음과 같은 문제들을 다루어야 하게 마련이다.

첫째, 언어를 다루고 그것의 의미를 규명해야 한다. 모든 문제는 언어가 있음으로써 생기기 때문이다. 과학이 서술한 것이 맞는가 틀리는가를 알려면 우리는 먼저 그 서술의 의미를 확실히 알 필요가 있다.

둘째, 그 언어는 어떤 존재에 대한 인식(앎)을 의미한다. 그렇다면 인식이란 무엇인가를 언어와 별도로 고찰할 필요가 있다.

셋째, 언어가 진리라고 서술한 존재 그 자체가 과연 어떤 것인가를 또한 검토해야 한다. 그럼으로써만 언어와 존재의 관계가 비로소 파악될 수 있다.

위의 세 가지 문제와 첨부해서 넷째로 행위라는 문제가 남는다. 언어와 존재와의 관계가 명백해졌을 때라도 우리가 어떻게 행동해야 하는가, 어떻게 살아가야 하는가 하는 행위의 문제를 검토하지 않을 수 없다.

이 네 가지 문제들을 철학사에서 예를 들어 가면서 살펴봄으로써 위에서 정의한 철학이 무엇인가를 보다 구체적으로 이해하는 기회를 갖게 될 것이다.

2장
언어란 무엇인가

1. 언 어 와 의 식 의 관 계

    우주라는 말은 극히 막연하지만 모든 존재를 가리킨다. 존재란 어떤 공간 속에 구체적으로 존재하는 사물과 어떤 시간 속에서 일어나는 사건을 뜻한다. 따라서 태백산, 서울에 떠 있는 구름조각, 정원에 심은 나무와 같은 자연물, 내 방에 있는 책, 냉장고, 내가 마시다 남긴 커피잔 등과 같은 인공물들이 '사물'의 예가 되며, 어젯밤 떨어진 벼락, 어제 아침 울어대던 아이의 울음과 같은 자연현상 또는 내가 꾼 꿈, 내가 배 아픔을 의식하던 일, 내가 현재 철학적 문제를 생각하는 일과 같은 인간현상들은 사건의 예가 된다.

    이와 같은 사물이나 사건은 그것이 어떠한 종류의 것이든 간에 그 자체로는 그냥 그대로 존재할 뿐 아무런 의미를 갖지 않는다. 모든 존재, 우주 전체는 그냥 그대로 있을 뿐이다. 그것은 그 자체로는 좋지도 않고 나쁘지도 않고 크지도 작지도 않으며 무겁지도 가볍지도 않으며 기쁘지도 슬프지도 않다. 이런 관점에서 볼 때 이른바 무생물체인 물질, 생물체, 그리고 인간도 똑같이 그냥 존재할 뿐이고, 인간의 의식 자체도 역시 그냥 일어나는 하나의 사건이나 현상에 불과하다.

그러나 이상스럽게도 성숙한 인간인 우리는 태백산이 있고, 6.25 사변이 일어났고, 우리가 우주의 극히 작은 일부에 지나지 않음을 의식할 뿐만 아니라, 우리가 이와 같이 의식하고 있음조차도 의식한다.

그런데 의식은 그와 동시에 그것의 대상을 대립시켜서 생각하지 않고는 있을 수 없는 현상이다. 우리는 필연적으로 무엇무엇을 의식한다. 바꿔 말해서 의식은 반드시 그것의 대상을 갖는다. 현상학자들의 말을 빌지 않더라도 우리는 의식이 필연적으로 무엇인가에 대한 의식임을 발견한다. 나는 태백산을 의식하며, 내가 쓸쓸함을 의식하고, 내가 우주의 일부임을 의식하고, 7+5=12임을 의식한다. 또한 나는 내가 무엇인가를 의식하고 있음을 의식한다. 따라서 주체로서 의식은 논리적인 관점에서 볼 때 그가 의식하는 객체로서의 대상과 거리를 두고 그것의 바깥에 있게 마련이다.

이와 같이 논리를 추구해 나갈 때 터무니없는 역설이요 자가당착과 같이 보이나 아무리 우주의 극히 작은 일부에 지나지 않더라도 내가 우주를 생각하는 한 나는 우주 밖에서 그 우주를 나의 의식의 대상으로 대하고 있는 격이 되며, 내가 그런 우주를 의식하는 나 자신을 의식하는 한, 나는 나 자신과 거리를 두고 그럼으로써 나 자신을 나 자신의 의식의 대상으로 바라보고 있다고 봐야 한다. 우주의 일부인 나는 우주의 일부가 아니라는 말이 되고, 나는 내가 아니라는 자기모순의 논리가 선다.

그러나 이러한 모순은 존재차원과 의미차원을 구별함으로써 이해되고 해결된다는 것이 나의 주장이다. 존재차원에서 볼 때 나는 분명히 우주의 일부에 지나지 않지만, 의미차원에서 볼 때 나는 존재하는 우주와는 다른 차원에 있다는 말이다. 이 말이 무엇을 의미하느냐 하면, 의식하는 기능을 가지고 있는 한에서 나라는 인간은 그냥 존재로서의 우주와 그리고 그냥 육肉으로서의 나 자신과 이중의 관계를 맺고 있음을 가르쳐준다.

물론 여기서도 대체 어찌하여 그러한 관계가 생겼느냐 하는 문제가 생기겠지만 이러한 문제, 라이프니츠나 하이데거의 문제, 즉 "도대체 어째서 처음부터 아무 것도 없지 않고 무엇인가가 있는가?"라는 질문이 논리적으로 정말 뜻 있는 질문이 될 수 없는 것과 마찬가지로 무의미한 질문, 즉 질문될 수 없는 질문임을 이해해야 한다. 왜냐하면 이와 같은 질문 자체는 이미 그러한 질문의 대상을 이미 사실로서 전제로 하고 있기 때문이다. 여기서 우리는 칸트가 지적한 것처럼 이성의 한계를 이해하고 그것을 받아들여야 함을 새삼 명심할 필요가 있다. 그리고 파스칼이 지적한 대로 인간은 아주 약한 갈대보다도 더 약하고 작은 존재이긴 하지만 그는 생각하는 갈대로서 그가 우주 전체를 자기 속에 포함시킨다는 말을 이해하고 받아들여야 할 뿐이다.

이와 같이 인간의 기이한 존재양식을 가장 근본적인 전제로서 받아들일 때, 우리는 지동설을 받아들여야 했던 이후 지구가 물리적으로는 우주의 극히 작은 가장자리 일부에 지나지 않지만 그래도 역시 지구는 형이상학적 중심이라고 한 헤겔의 말을 이해할 수 있을 것 같다.

그렇다면 의식을 어떻게 규정할 것인가? 어떤 기준을 따라 한 사람이 의식하고 있는가 그렇지 않은가를 결정할 수 있는가? 나는 지금까지 의식이라는 개념을 그 의미가 자명한 것처럼 사용하였다. 그러나 막상 더 생각해보면 이 개념은 그처럼 자명하지는 않다. 무엇을 우리는 의식이라고 부르는가? 데카르트는 모든 존재를 두 가지로 엄격히 나누었다. 그 하나는 공간을 차지함으로써만 존재하는 물체라 보았고, 또 하나는 공간을 초월해서 존재하는 정신이라 보았다. 그리고 그에 의하면 눈으로 보고 손으로 만질 순 없지만 정신의 존재는 물질의 존재보다도 더 확실한 것이라 했다. 왜냐하면 모든 것을 의심할 수 있지만 그가 의심하고 있다는 사실, 즉 정신의 활동만은 의심할 수 없기 때문이다. 여기서 데카르트가 말하는 생각이란 내가 말하는 의식을 가리키는 말이다. 모든 존재를 물체와 정신으로 갈라 놓은 데카르트는 오직 인간만이 정신이 존재한다고 믿었고 어떠한 고등동물의 행동도 물질의 작용과 근본적으로 같은 메커니즘으로서 일종의 기계와 같다고 주장한다. 바꿔 말해서 오직 인간만이 의식할 수 있는 존재가 된다. 그러나 데카르트의 논리는 어려운 문제를 남기고 있다.

첫째, 그의 말대로 내가 의식하고 있다는 것을 나 자신 직접 순간적으로 알 수 있지만, 내가 남이 되어서 그 사람 대신 의식할 수 없는 이상 나는 나 이외의 어떤 사람이건 간에 나처럼 의식할 수 있다는 아무런 근거가 없다. 이렇게 되면 우리는 타인과의 관계에서 우리의 모든 언행이 전제로 하고 있는 것, 즉 타인도 나와 같이 의식하고 있다는 전제와 어긋나며 드디어는 완전한 유아론唯我論Solipcism에 빠진다.

둘째, 우리는 동물이나 나 아닌 다른 인간을 구별하지 못하며 나를 제외한 모든 인간은 기계에 불과하다는 결론을 꺼낼 수 있다.

셋째, 육체로서의 나 자신과 정신으로서의 나 자신의 관계를 설명하지 못한다.

데카르트의 논리를 추구하면 그가 목적했던 것과는 달리 동물도 인간과 근본적으로 다를 바 없이 의식기능을 가지고 있다는 결론을 내려도 막을 길이 없다. 왜냐하면 인간이 의식한다고 생각된다면 겉으로 보아 인간과 근본적으로 다를 바 없는 동물, 아니 모든 생물도 의식을 가지고 있는 것으로 봐야 하기 때문이다. 이러한 관점은 인간과 동물이 근본적으로 차이가 없다는 하나의 논리로 이끌어가는 결과를 낳게 된다.

인간과 동물의 근본적인 차이가 부정되기 시작한 것은 이미 오래이다. 서구문화를 오래 지배하고 또 현재도 어느 정도 지배하고 있는 기독교는 인간만이 하느님의 특별한 자식으로서 만물 가운데 완전히 특유하고 특권적인 위치에 놓여 있음을 하나의 근본적인 전제로서 성립시켰다. 그러나 기독교의 창세기를 문자 그대로 믿는 사람은 이제 거의 없다고 해도 과언이 아니다. 실상 기독교적 인간관의 붕괴는 코페르니쿠스, 갈릴레오 등의 지동설에서 벌써 크게 흔들리기 시작했지만, 특히 다윈의 진화론에 의해서 결정적인 붕괴를 맛보았고 정신분석학·행태심리학 그리고 생물학·물리학·동물학에 의해서 차츰 더 확실해져 가고 있다고 봐야 할 것이다.

비단 과학자들뿐만 아니라 많은 철학자들도 인간과 동물의 근본적 차를 부정하고 있다. 그 한 예로 다음과 같은 주장을 들 수 있다. 흔히 인간이 다른 동물과 다른 점은 이성을 가진 점에 있다고 하며, 이성은 언어를 사용하는 능력에서 나타나고 언어의 능력은 무엇을 상징할 수 있는 것으로 나타나고, 무엇을 상징할 수 있는 힘은 눈 앞에 없는 것, 장래에 일어날 수 있는 사건 등을 예측할 수 있는 기능으로 표시된다고 주장한다. 그렇다면 이와 같은 능력은 특히 꿀벌·개미 같은 생활에서 관찰할 수 있는 기능이라는 것이다. 따라서 정도의 차이는 있지만 꿀벌이나 개미는 물론 돌고래와 같은 어류, 원숭이 같은 동물도 근본적으로는 인간과 다를 바가 없다는 것이다.

또한 극단적인 예로는 심리학에서의 행태주의, 철학에서의 물리주의 physicalism 등인데, 이 학설에 의하면 우리가 사물과 구별해서 말하는 의식은 데카르트 식으로 사물과 별개로 존재하는 것이 아니라 다만 사물의 일면에 불과하다는 것이다. 따라서 내가 아프다고 할 때 그 아픔을 의식의 표현으로 생각하지만, 사실은 그 의식이란 내가 현재 나타내든가 혹은 나타낼 태세를 갖춘 나의 행태에 불과하다는 것이다. 한편 철학에서의 물리주의에 의하면, 의식상태는 행태로서 나타난다기보다 더 본질적으로 내 두뇌나 그 밖의 신경 속에 작용하는 어떤 확정할 수 있는 물리화학작용과 일치한다는 것이다. 의식이라고 믿었던 특수한 현상은 마치 물이 H₂O로 분석 혹은 번역되듯이 화학적 요소나 물리적 관계로 분석 혹은 번역된다는 말이다.

나는 이러한 행태주의와 물리주의에 대한 찬반론이 오래 전부터 맹렬히 진행되고 있다는 사실을 잘 알고 있을 뿐만 아니라 전문적인 이론을 전개하려면 극히 섬세한 논리가 필요하고 한 권의 책, 두 권의 책까지도 쓰여져야 함을 알고 있다. 그러나 나는 이 자리에서 거의 독단에 가깝게 이 이론들이 잘못이라고 딱 잘라 말해두고 싶다. 다만 여기서 내가 이 두 가지 이론을 거부하는 이유를 극히 간략하게나마 두 가지 들고 싶다.

첫째, 만약 의식이 완전히 행태, 혹은 화학분자나 물리작용과 같다면, 행태나 화학분자 또는 물리작용이 의식하지 않는 이상 의식이라는 현상이 도대체 생겨날 수 없을 것이다. 그러나 바로 그런 현상이 없다는 주장 자체도 의식현상임을 즉각적으로 알 수 있는 사실이 아닌가?

둘째, 비록 행태주의나 물리주의가 맞는 이론이라 해도 그러한 이론들은 우리가 우리의 경험을 보다 조리 있고 명료하게 이해하는 데 아무 도움도 주지 않는다. 왜냐하면 우리는 동물의 행태와 인간의 행위 사이, 개미들 간의 신호와 인간언어 사이의 엄청난 거리를 이론에 앞서 인식하고 있으며, 생물까지가 아니라면 적어도 인간과 화학 분자의 결합 사이에 뛰어넘을 수 없는 공백을 직감한다.

이와 같이 인식된 사실들을 설명하려 해도 의식이라는 개념을 그냥 존재하는 것, 즉 물체적 현상과 구별 대립시켜 도입할 필요가 있다. 그리하여 나는 오직 인간만이 의식할 수 있고 사고할 수 있다고 주장하는 바이며, 놀라우리만큼 신비스러운 모든 동식물들의 행위는 의식이 아니라 무의식적 본능의 작용으로 설명되고, 무생물의 현상은 기계적인 인과관계에 의해서 보다 잘 이해된다고 생각한다.

그렇다면 의식의 특징은 무엇인가? 잘라 말해서 그것은 엄격한 의미에서의 언어이용능력이다(언어 없이는 의식이 있을 수 없다). 여기서 내가 엄격하다는 말을 쓴 까닭은 동물들의 본능적인 의사교환 수단과 인간의 의사교환 수단을 구별하기 위해서이다. 동물의 이른바 언어는 생리적으로 인과율에 의해서 결정되어서 그것을 고의적으로 배울 필요가 없는 반면에, 인간의 언어는 규율에 의해 채택되어 일부러 배움으로써만 이용될 수 있는 의사교통 수단이다. 예를 들어 바둑을 두려면 바둑의 규율을 따라야 하지만, 바둑놀이의 규율은 우리가 합의해서 고칠 수도 있고 바꿀 수도 있으며, 그런 규율은 일부러 배워야만 알 수 있다. 언어는 일종의 규율이기 때문에 한 언어가 시대에 따라 바뀌고, 한국어 대신 프랑스어를 배우고 쓸 수 있게 된다. 어느 인간이고 꼭 한국어를 쓰도록 생리적으로 결정된 채 태어난 사람은 하나도 없다.

　이와 같이 따져 볼 때 인간만이 언어를 사용하고 인간만이 의식할 수 있다는 결론이 선다. 언어 없이는 의식이 있지 않다는 말은, 한 경험의 내용이 언어에 의해서 어떤 범주 속에 분리되지 않을 때 그 경험의 내용이 무엇인가가 의식되지 않는다는 것이다. 이러한 사실은 우리의 구체적인 의식의 경험을 회상해 보면 자명할 것이다. 어떤 물리적 자극이나 감각도 그것이 무엇무엇의 자극 혹은 감각이라고 언어로 표기되기 전에는 그것이 어떤 것인가를 의식할 수 없다. 바꿔 말해서 언어 이전에는 인식은 물론 의식마저 있을 수 없다고도 나는 주장하고자 한다. 의식이란 의미화를 말하며, 존재하는 물체는 언어를 매개로 해서만 의미화되는 것이다. 그러므로 나는 언어를 사용할 수 있기 이전의 유아는 의식하지 않고 다만 본능에 의해서 반응을 보일 뿐이라고 주장한다. 이런 점에서 유아는 동물보다 나은 점이 없다는 말이 된다.

　언어가 의식 또는 인식의 근본조건이라는 나의 주장과는 달리, 언어 이전의 의식 또는 인식이 있음을 주장할 뿐 아니라 더 나아가서는 언어가 참다운 인식의 방해물이라고 생각하는 철학적 전통이 철학사의 극히 중요한 자리를 차지하고 있음을 내가 잊고 있는 바는 아니다. 이미 로마 시대의 플로티노스를 비롯해서 베르그송·후설·하이데거·메를로-퐁티 등과 같은 철학자들이 대표적인 예가 될 것이다. 플로티노스, 특히 베르그송은 언어 때문에 우리가 존재의 본질을 있는 그대로 보지 못하고 왜곡시킨다고 주장하였고, 후설과 같은 현상학자는 어떤 대상의 에이도스*eidos*, 즉 본질을 언어 이전에 직접 보려고 했다. 한편 하이데거는 가장 비논리적인 언어인 시적 언어를 통해서만이 가장 충실하게 하나의 대상을 서술할 수 있다고 믿으면서 어떤 철학가의 이론에서보다 횔덜린 류의 시 속에서 가장 가까운 진리를 발견한다고 역설하였다. 메를로-퐁티는 지적 인식에 앞서 언어 이전의 육체적 인식이 앞서고 그것이 보다 진실에 가까운 것이라고 역설한다. 이것이 그가 처음부터 끝까지 지각의 근본적인 중요성을 역설하고 예술 가운데서도 회화예술의 철학적 의미를 들고 나선 이유가 된다.

그러나 나는 이러한 철학자들의 견해는 내가 주장하는 존재차원과 의미차원의 구분을 이해하지 못한 데서 나온 착각임을 거듭 주장하고자 한다. 언어 이전의 의식을 주장하는 이유는, 물리적 입장에서 볼 때 의식 상태와 무의식 상태 사이를 절단하는 거리가 없이 연속되었음을 설명하려는 데 있다. 사실 어떠한 종류의 의식 상태도 생리적, 즉 물체적인 것에 근거를 두고 있음은 누구나 인정하는 바이며, 의식이 물체적 조건을 떠나서 엉뚱하게 나타나지 않음은 두말할 필요도 없다. 그렇지만 물체와 의식, 존재와 의미의 구별은 두 물체 간의 구별도 아니고 물체와 의식 간의 연속성을 부정하는 것도 아니다. 그것은 다만 논리적으로 없어서는 안 될 범주적 구별이다. 비유를 들자면 존재차원이 의미차원으로 변하는 것, 즉 물체상태에서 의식상태로 전환하는 메커니즘은 어떤 액체에 청색 리트머스지를 집어넣으면 적색으로 변하는 것과 같다고 할 수 있다. 언어는 바로 리트머스지에 비유된다.

요약해 말해서 의식은 반드시 언어를 동반하게 마련이고 언어 없는 의식이나 사고는 생각할 수 없다는 결론에 이른다. 따라서 우리는 이제 언어를 검토할 마당에 이르렀다. 언어를 다루게 된 이 지점에 이르면 우리는 어느덧 존재차원에서 의미차원으로 옮겨 온 것이다.

2. 이해해야 인식한다

　그것이 어떤 것이든 간에 사물이나 사건은 그 자체로는 아무 의미도 갖지 않는다. 언어만이, 오직 언어만이 의미를 나타낸다. 언어와 더불어 그냥 존재하는 우주와는 다른 우주, 즉 의미차원이 이루어지는 것이다. 언어라는 말을 쓸 때 우리는 물론 '개'라는 한국말이나 '犬'이라는 한자漢字나 'dog'라는 영어나 'chien'이라는 프랑스어와 같은 문자 혹은 발성기호를 염두에 둔다.

　그러나 의미로서의 언어, 즉 문자언어가 아닌 것들도 무엇인가의 의미를 나타내고 전달할 수 있다는 사실을 우리는 잘 알고 있으며, 우리는 일상생활에서 문자언어 아닌 매개를 통해서 의사를 전달하고 이해한다. 어떤 눈짓 · 손짓 · 몸짓은 사랑 · 호소 · 분노 등을 의미하고, 먹구름은 소낙비를, 굴뚝의 연기는 밥 짓고 있음을 의미한다. 몸짓이나 구름, 굴뚝의 연기가 보통 말하는 문자언어가 아님은 물론이다. 그렇다면 오직 문자언어만이 의미를 나타낼 수 있다는 주장은 틀린 것이 아닌가? 그러나 좀더 생각해보면 몸짓, 굴뚝의 연기 자체만으로는 아무 것도 의미하지 않고 그것들은 그냥 동작이나 물리현상에 불과하다. 그런 동작이나 현상이 보는 사람이나 혹은 그런 동작을 하는 사람에 의해서 '사람' 혹은 '밥 짓는 것'의 뜻을 가진 기호, 즉 상징으로서 언어화되었을 때에만 그것들은 의미를 나타내게 된다.

　그렇다면 언어가 의미를 갖는다는 것은 무엇을 말하는가? 철저한 경험주의를 바탕으로 한 논리실증주의는 유명한 '실증원칙verifiability principle'을 내걸고 무의미한 언어, 즉 가짜 언어와 진짜 언어를 구별하는 엄격한 규칙을 세워 의미 있는 언어와 무의미한 언어를 흑백처럼 갈라 놓았다. 이 이론은 언어의미가 무엇인가에 대한 이론, 즉 '언어의 의미의 의미'에 대한 이론으로서, 우리가 흔히 상식적으로 생각하는 '언어의미의 의미'에 대한 관점과 근본적으로 일치한다.

이런 생각을 따른다면 언어의 의미란 다름아니라 그 언어가 서술하는 대상, 즉 지시대상에 불과하다. 여기서 내가 그냥 '의미'라는 말을 쓰지 않고 '언어'라는 말을 덧붙여 '언어의 의미'라고 한 까닭은, '인생의 의미'라 할 때의 '의미'는 사실상 목적이라는 뜻을 가지기 때문에 그런 경우와 혼돈하지 않도록 하기 위해서이다. 이 글에서 이제부터 의미라 할 때 그 것은 언어적 의미semantic를 가리킬 것이다.

"언어의 의미는 지시대상이다"라는 말은 무엇을 뜻하는가? 예를 들어 '강아지'·'담배' 혹은 '6.25 사변'이라는 말의 의미를 누구나 알고 있는 데, 우리가 그 말들의 의미를 안다는 것은 그 말들이 지시 혹은 서술하는 어떤 사물, 즉 실제 만질 수 있고 눈으로 볼 수 있는 강아지나 담배를 연 상할 수 있고, 실제로 한국의 땅에서 구체적으로 일어났던 민족의 비극 적 사건을 우리의 머리로 떠올릴 수 있다는 말이 된다. 다시 말해서 우리 는 어떤 언어가 무엇을 지시하는가를, 즉 어떻게 사용되는가를 알 때 그 언어의 의미를 안다고 한다. 그러므로 만약 '강아지'라는 언어를 대했을 때 그것이 원숭이를 지시하는 줄로 생각한다면 그것은 '강아지'라는 언 어의 의미를 모르고 있다는 증거가 된다.

이러한 논리를 끌고 가면, 어떤 언어의 의미를 안다는 말은 그 언어가 지시물을 옳게 가리켜냈는가 못 냈는가를 결정할 수 있을 때에만 가능 하다. 예를 들어 가령 누가 무엇인가를 가리키면서 'chien'이라는 언어를 사용했을 때 프랑스어를 전혀 모르는 나는 그 말이 옳게 쓰였는지 어떤지를 모를 것이다. 그때 나는 결코 그 'chien'이라는 프랑스어의 의미를 알았다고 말할 수 없음은 외국어를 대한 적이 있는 사람이면 누구나 이해할 것이다.

그 말썽 많고 유명한 실증원칙은 어떤 언어의 진위를 가려내는 원칙이며, 따라서 어떤 언어의 의미 혹은 무의미를 가려내는 규준이 된다. 지금까지 언어와 그 지시대상과의 관계의 예로서 오직 독립된 낱말에 불과한 '강아지'·'담배' 등을 들었는데, 실제로는 어떤 대상을 지시할 때 낱말만으로는 불충분하다. 물론 실제로 강아지를 앞에 놓고 우리는 '강아지'라는 낱말로써 그 강아지를 지시하지만, 논리적으로 따져 보면 나는 '강아지'라는 말 대신에 그 대상은 '강아지이다'라는 서술적 문장을 뜻하고, 그러한 문장으로 이해됨으로써 '강아지'라는 말의 의미를 알게 된다. 왜냐하면 그냥 '강아지'라는 말은 어떤 대상을 지시하는 의도 없이 콧노래로 쓰일 수 있기 때문이다. 실증원칙에 의하면 모든 서술문장은 그 문장의 경험이나 실험을 통해서 원칙적으로 가려낼 수 있을 때만 의미가 있지, 그렇지 않은 경우 그 문장은 아무 의미가 없다. 예를 들어 다음과 같은 문장을 생각해보자.

ⓐ 하늘은 푸르다.

ⓑ 물은 H₂O로 구성되어 있다.

ⓒ 화성에는 뿔이 달린 사람들이 살고 있다.

ⓓ 하늘은 아름답다.

ⓔ 사람을 죽이는 것은 나쁘다.

ⓕ 하느님은 모든 것을 창조하셨다.

ⓐ~ⓕ는 다 같이 문법구조상으로 볼 때 주어와 술어로 되어 있고, 또한 다 같이 무엇인가에 대한 서술을 하고 있다고 보인다. 그러나 좀더 생각해보면 ⓓ, ⓔ, ⓕ가 논리상으로 전혀 다르다는 것을 이해하게 된다. ⓐ, ⓑ, ⓒ는 다 같이 그것들이 하는 서술의 진위를 객관적으로 결정할 가능성을 갖고 있다. 한국말을 하는 사람이면 ⓐ는 하늘을 그냥 쳐다보면 옳고 그름이 결정될 수 있고, ⓑ의 진위는 실험해보면 알 수 있고, ⓒ는 현재까지 그의 진위를 결정할 수는 없지만 기술이 발달되면 실험될 가능성이 충분히 있다. 이에 반해서 ⓓ, ⓔ, ⓕ는 기술적인 문제와는 전혀 관계 없이 객관적인 실험을 통해서 그것들의 진위가 결정될 수 없다. ⓓ와 ⓔ는 순전히 각 개인의 주관에 따라 맞다고도 할 수 있고 틀렸다고도 할 수 있으며, ⓕ는 어떤 방법으로도 그것의 진위를 실험해볼 수 없는 것이다. ⓓ는 논리적 문장이고 ⓔ는 평가적 문장으로 두 개 모두 가치언어에 속하고, ⓕ는 이른바 형이상학적 언어로서 우리가 구체적으로 경험할 수 없는 어떤 대상을 놓고 사용된 언어이다.

이와 같은 ⓐ~ⓕ까지에 이르는 문장의 논리적 차를 발견한 것은 논리실증주의의 중요한 철학적 공로임을 인정해야 한다. 이런 발견을 통해서 오랫동안의 철학적인 여러 혼돈이 많이 풀렸기 때문이다.

논리실증주의자들은 이와 같은 분석을 거쳐 오직 ⓐ, ⓑ, ⓒ만이 엄밀한 의미에서 서술적 문장으로 어떤 지시대상에 대한 앎을 기록하는 것이기 때문에 엄밀한 뜻에서의 진술이 되고 어떤 대상에 대한 앎의 내용을 가졌으며 진정한 뜻으로서의 의미가 있고, ⓓ, ⓔ, ⓕ는 진술과 구별해서 단순한 문장에 지나지 않고 대상에 관한 아무런 정보적 내용이 없어서 진정한 뜻에서 의미가 없다고 주장한다. 극단적으로 말해서 논리적 또는 평가적, 즉 가치에 관한 언어나 초경험적 대상에 관해 언급된 형이상학적 언어는 사실상 "꽥!" 혹은 "아야!" 하는 고함소리와 근본적으로 다를 바 없다는 것이다.

그러나 이와 같은 주장은 너무나 과격하고 사실과 맞지 않는다. "달은 아름답다" 혹은 "사람을 죽이는 것은 옳지 못하다"라는 문장은 "'꽥"이나 "아야" 하는 소리와는 다르다. 왜냐하면 전자의 예들은 어떤 의사를 전달하지만 후자의 예들은 그렇지 못하고 잘해야 어떤 자극 혹은 반응만을 일으킬 뿐이기 때문이다. 그래서 모든 문장은 의미 있는 문장과 무의미한 문장으로 나누어지기보다는, 인식의미를 갖는 문장, 즉 진술과 이른바 감정의미를 갖는 그냥 문장으로 나누어진다. 이런 구별은 달리 말해서 인식언어와 비인식언어로 분별될 수도 있다. 정서적 의미는 비정보적 언어이며, 그것은 어떤 객관적인 것을 서술하는 것이 아니고, 그런 언어를 사용한 사람이 어떤 대상에 대한 주관적인 감정이나 태도를 나타낸다는 말에 지나지 않는다.

여기서 우리는 보통의 생각이나 초기의 논리실증주의자들과는 달리, 언어의 의미는 그가 지시하는 대상이 아니라는 것을 알게 된다. 뒤집어 말해서 그 의미는 그것대로의 뜻을 갖고 있음을 알게 된다. 또 한 번 거듭 말해서, 언어의 의미와 지시대상은 서로 독립되어 있다. '1975년의 미국 대통령'이라는 말의 의미와 '포드'라는 말의 의미는 분명히 다르지만 그 말들은 똑같은 지시대상인 구체적인 포드라는 인간이다. 거꾸로, 아무런 지시대상도 없는 언어가 완전한 의미를 갖는 경우의 예로서 가령 '금송아지' 혹은 '도깨비'와 같은 말을 들 수 있다. 따라서 크게 나누어 언어의 의미는 지시대상을 가질 경우와 그렇지 않은 경우가 있다. 우리는 전자를 인식의미, 후자의 경우를 비인식의미라고 구별해 볼 수 있으며, 이와 병행해서 '인식'이라는 개념과 '이해'라는 개념을 분간할 필요가 있다. 경우에 따라 어떤 언어의 의미는 인식된다고 할 수 있다면, 또 다른 경우에 따라선 어떤 언어의 의미는 인식되는 대신 이해된다고 할 수 있다.

나는 "하늘은 푸르다", "물은 H2O로 구성되어 있다"라는 언어가 지시하는 대상을 인식하지만, "하늘은 아름답다", "만약 사람이 날개가 있으면 날아다닐 수 있다", "5+7=12"라는 언어를 이해한다. 결국 인식이란 언어의 의미를 그가 지시하는 구체적, 즉 물질적 대상과 관련해서 아는 경우를 가리키고, 이해는 언어의 의미를 그 언어가 지시하는 구체적 대상과 관계 없이 아는 경우를 가리킨다.

인식과 이해의 명백한 구별은 칸트의 유명한 종합적 진술synthetic statement과 분석적 진술analytic statement의 구별이란 측면에서 고찰할 수 있다. 가령 다음과 같은 예를 생각해보자.

ⓖ 한국 사람은 얼굴빛이 노랗다.

ⓗ 한국 사람은 마음이 착하다.

ⓘ 우주는 하느님이 만드셨다.

ⓙ 처녀는 결혼하지 않았다.

ⓚ 아름다운 처녀는 마음을 끈다.

ⓛ 금송아지는 금으로 되어 있다.

ⓖ, ⓗ, ⓘ가 사실인가 아닌가를 알려면 실제로 한국 사람의 얼굴빛을 조사해봐야 하며, 한국 사람들의 마음씨를 경험을 통해서만 알아봐야 할 것이다. 그 이외에는 달리 알 도리가 없다. 이 반면에 ⓙ와 ⓚ, ⓛ이 사실인가 아닌가를 결정하기 위해선 구체적으로 경험을 통해서 알아볼 아무 것도 없다. 다만 그 진술에 쓰인 언어의 의미를 분석하면 결정될 수 있다. 전자의 예가 종합적 진술에 속하고 후자의 예는 분석적 진술에 속한다. 종합적 진술의 특징은 어떤 구체적인 사물이나 사건에 대한 새로운 지식을 보태는 반면 그 진술의 옳고 그름은 언제나 비절대적이며 따라서 우연한 것이다. 한국 사람의 얼굴이 노란 것은 사실이나 그것은 우연히 한국 사람의 얼굴이 노란 것이 처음부터 그렇게 될 아무런 논리적 필연성을 띠지 않았던 것이다. 그리고 얼굴이 노란 사실은 한국 사람에 관한 새로운 지식을 보태주는 것이다.

이와는 반대로 분석적 진술의 특징은 그것의 진위가 결정적이며 필연적인 반면에 우리에게 아무런 새로운 지식을 보태주지 않는다는 점에서 찾아진다. "처녀는 결혼 안 했다"라는 말은 절대적으로 맞는 말이지만 우린 이런 진술을 통해서 처녀에 대한 아무런 새 지식을 얻지 못한다. 이와 같이 해서 때로는 종합적 진술의 진리를 우연적 진리라 하고, 분석적 진술의 진리를 필연적 진리라고도 한다. 또한 이 두 가지 진술의 진위를 결정하는 근거로 볼 때 전자의 진위를 후험적a posteriori이라고 하고, 후자의 진위를 선험적a priori이라고 한다. 이것은 달리 풀어서 전자의 진위는 경험을 한 후에만 결정되지만 후자의 진위는 경험 이전, 즉 경험하지 않고도 결정될 수 있다는 말이다. 간추려 말해서 어떤 대상에 대한 새로운 지식은 오로지 경험을 통해서 얻어지는 것인데, 그러한 지식은 결코 확실성을 가질 수 없어서 언제나 수정될 가능성을 내포하고 있다는 말이다.

이에 반해서 경험을 필요로 하지 않는 지식은 절대 확실할 수 있으나 어떠한 대상에 대해서도 아무런 새 지식을 보태주지 못하는 내용이 빈 지식, 오직 말의 의미에 대한 이해뿐이다. 따라서 어떤 대상에 대한 엄밀하고 의심할 수 없는 지식에 속하는 자연과학을 포함해서, 자연이나 세상에서 일어나는 것에 대한 모든 지식은 어떤 것을 막론하고 필연적으로 필연적 지식, 즉 절대로 의심할 수 없는 지식이 될 수 없다. 그러니까 어떤 구체적 대상에 대한 지식을 인식이라고 한다면 모든 인식은 이미 흄이 선명하게 지적해낸 것과 같이 절대적으로 확실할 수가 없고, 우리가 경험할 수 없는 어떤 대상에 대해 특수한 인식인 양 운운하는 모든 형이상학은 인식이 아니고 헛소리에 불과하다는 논리가 서고, 오직 이해만이 확실할 수 있다는 결론이 나온다.

3. 수학적 언어

이미 살펴보아온 것처럼 종합적 진술은 반드시 후험적이고 분석적 진술만이 선험적이라고 일단 생각한 칸트는 '선험적 종합진술synthetic a priori statement'이 따로 있다고 주장했다. 이것은 무엇을 의미하는가 하면, 대체로 새로운 지식을 주는 진술은 그 진위가 언제나 불확실하며, 아무런 새 지식도 주지 않는 진술만이 그 진위가 확실하지만, 경우에 따라서는 새로운 지식을 보태주면서 그 진위가 절대적인 확실성을 갖는 진술이 있음을 의미한다. 더 간단히 말해서 지금까지는 모든 인식적 진술은 결코 절대성을 갖지 못하는 줄로 알았지만, 어떤 경우에는 그 진위가 절대성을 갖는 인식진술이 가능하다는 말이다. 그런 예로 칸트는 수학적 지식을 든다. 수학적 진위가 절대성을 갖고 있음은 누구나 잘 알고 있으며, 그 진위는 경험의 여부에 달려 있지 않다는 걸 의심할 사람이 없다. 그런데 칸트에 의하면 수학적 진술은 분석적 진술이 아니라는 것이다. 이와 같은 칸트의 주장을 보다 잘 이해하기 위해서 다시 한 번 종합적 진술과 분석적 진술의 다른 예를 들어 고찰해보자.

ⓜ 백조는 희다.
ⓝ 총각은 결혼하지 않은 남자다.
ⓞ 5+7=12

종합적 분석인 ⓜ과 분석적 진술인 ⓝ은 각기 '백조'라는 주어와 '피부가 희다'라는 술어, '총각'이라는 주어와 '결혼하지 않은 남자다'라는 술어로 구성되어 있다. 칸트에 의하면 ⓜ의 특징은 술어의 의미가 주어의 의미 속에 내포되어 있지 않고, ⓝ의 특징은 술어의 의미가 주어의 의미에 내포되었다는 데 있다. 따라서 ⓜ에서 '털이 희다'는 술어는 '백조'에 대한 나의 새로운 지식을 보태주지만, ⓝ의 경우에서 내가 '총각'이라는 주어의 뜻을 제대로 알고 있다면 '결혼하지 않은 남자'라는 총각에 대한 서술은 내게 아무런 새로운 지식이 되지 못한다. 왜냐하면 나는 '총각'이라는 말의 뜻에서 그런 사실이 포함됨을 알고 있기 때문이다.

이와 대조해서 칸트는 유명한 그의 예 ◎의 "5+7=12"라는 수학적 진술을 예로 들어 주장하기를, '5+7='이라는 주어는 12라는 술어를 내포하고 있지 않다고 주장하면서 ◎에서의 술어는 ◎에서 주어인 '5+7'에 대해 우리가 이미 알고 있는 것과 다른 새로운 지식이라고 주장한다. '5+7'이라는 진술의 의미 속에는 12라는 의미가 내포되어 있지 않기 때문이라는 것이다. 그리고 이런 수학적 진술에 대한 진위는 경험에 의해서 전혀 좌우되지 않는다. 그래서 칸트는 ◎와 같은 진술을 선험적 종합진술이라는 제3의 진술로서 내세운다. 이 말은 다음과 같은 것을 의미한다.

첫째, 수학적 언어가 다만 이해의 대상이 되지 않고 인식의 대상이 된다는 것임을 의미한다.

둘째, 수학의 수도 물론 특수하지만 별·강아지·꽃·물 등 자연현상이 인식의 대상이 되듯이 객관적으로 엄연히 존재하는 일종의 인식의 대상이라는 것을 의미한다.

수학적 진리가 객관적으로 존재한다는 믿음은 단순히 칸트에서 특별하게 볼 수 있는 관점이 아니라, 실상 그리스 시대에서 20세기의 현상학에까지 하나의 전통을 이루고 있다. 플라톤은 수가 '형상form'으로 어떤 관념적 세계에 영원히 객관적으로 존재한다고 믿었고, 후설은 수가 '본질eidos'로서 역시 관념의 세계에 객관적으로 존재한다고 믿었다. 그러므로 수도 별이나 강아지나 혹은 H₂O와 마찬가지로 우리의 의식 밖에서 객관적으로 존재함을 의미한다. "별은 반짝인다"고 할 때 이 진술은 종합적 진술이고 따라서 '반짝인다'는 서술은 우리에게 별에 대한 새로운 사실을 알려준다. 이와 마찬가지로 7+5=12라는 수학적 진술도 종합적 진술로서 '12'라는 서술은 '7+5'라는 데 대한 새로운 사실을 알려준다. 다만 '별'과 '7+5'가 다른 점은 전자가 지각을 거친 경험을 통해서 알 수 있는 반면에, 후자는 일종의 지성의 관념적 '눈'으로 직접 볼 수 있다는 데 있다. 따라서 '7+5=12'라는 진술은 선험적으로만 그것의 진위를 결정할 수 있는 것이면서도 분석적 진술과는 달리 종합적 진술이 되는 것이다.

수학적 진리가 어떤 존재로서 인식의 대상이 된다는, 꾸준히 내려온 믿음은 기하학에서도 예를 들 수 있다. 유클리드의 기하학은 몇 개의 공리를 토대로 하고 있다. 예를 들어 "하나의 선과 평행하게 그은 선은 원래의 선과 절대로 합쳐지지 않는다"라는 사실은 인간의 자유로운 의도에 따라 변경될 수 없는 객관적인 사실이라고 생각되었다. 바꿔 말해서 기하학적 진리는 객관적으로 존재하는 사실이지 인간이 만들어낸 규칙과는 다르다는 것이다.

한편 인식논리에서 플라톤이나 후설의 철학과는 정반대의 입장에 서 있는 경험주의자인 밀도 수학적 진리가 단독으로 독립해 존재하진 않더라도 그것들은 우주의 객관적인 사실을 반영하는 것이라고 주장했다. '7+5=12'가 옳다고 믿어지는 이유는 예를 들어 사과 다섯에 일곱 개를 보태면 실재로 열두 개가 되기 때문이지, 만약 사과 다섯에 일곱 개를 보탤 때 스물 두 개가 된다면 우리의 수학은 '7+5=12'를 틀린 것으로 취급하고 '5+7=22'라는 수식을 갖게 되었으리라고 주장한다.

그러나 수학에 대한 위의 생각들은 수학적 언어에 대한, 아니 언어 일반의 본질에 대한 꾸준하고 보편적인 오해에서 나온 착오임을 우리는 이제 알고 있다. 유클리드 기하학에서 한 예를 들어 보자. 유클리드 기하학의 한 공리에 의하면 "한 점을 통과해서 어떤 선과 그어질 수 있는 평행선은 단 하나밖에 없다"라고 하는데, 비유클리드 기하학은 그 반대의 사실을 기하학적으로 증명해주었다. 한 점을 통과해서 어떤 선과 평행할 수 있는 선은 얼마든지 있다는 것이다. 이 사실은 유클리드 기하학의 철학적 전제가 착오였다는 것이다. 만약 수학적 언어가 어떤 객관적 존재를 그대로 사진처럼 복사하듯 서술하는 것에 불과하고 그럼으로써 그 언어가 의미를 갖게 되고, 그 서술이 진위일 수 있다면 비유클리드 기하학은 절대로 불가능할 것이다. 왜냐하면 비유클리드 기하학을 받아들일 때 어떤 객관적 존재가 동시에 둘도, 셋도, 넷도 될 수 있다는 것을 의미하는 이런 사실은 논리적으로 근본적인 모순을 범하게 되기 때문이다.

"하늘은 푸르다"라는 언어가 객관적으로 존재하는 구체적인 푸른 하늘을 서술하듯이 $E=mc^2$이라는 수학적 언어는 객관적으로 존재하는 모든 물질현상의 일면을 서술해준다. 그러나 "하늘은 푸르다"는 언어가 어떤 객관적 사실의 복사판이 아니듯이 $E=mc^2$라는 수학적 언어는 어떤 물리현상의 복사된 사진이 아니다. 수학도 특수한 기호의 체계로서 특수한 언어이고, 언어인 이상 그것은 의미하는 것이지 어떤 사물을 있는 그대로 제시하질 않는다. 언어는 이해의 대상이지 인식의 대상이 되지 않는다. 언어는 의미의 체계로서 존재의 구조와는 완전히 다른 차원에 놓여 있으며 언어와 존재는 논리적으로 서로 독립해 있다.

4. 존재차원과 의미차원

사물과 그것을 표상하는 언어, 어떤 현상과 그것을 서술하는 수학 사이에는 인과적 관계도 없고 논리적 관계도 없다. 사물이나 현상은 그것이 어떤 종류의 것이건 간에 그냥 '존재'하는 것으로서, 그것들을 '의미'하는 언어는 두 가지 서로 완전히 다른 차원에 놓여 있다. 구체적으로 존재하는 강아지와 그것을 의미하는 '강아지'라는 말 사이에는, 그리고 물리현상과 그것의 일면을 의미하는 '$E=mc^2$'이라는 언어는 서로 직접 비교될 수 없고, 아무 관계도 없는 두 개의 다른 세계에 소속하고 있다.

그럼에도 불구하고 이미 지적했듯이 어떤 사물이나 현상도 언어 이전에는 '사물'이나 '현상'으로 의식되지 않는다. 구체적인 강아지는 '강아지'라는 말이 개입됨으로써 '강아지'라는 것으로 인식되고, 어떤 물리현상은 '$E=mc^2$'이라는 수학적 언어가 있음으로써 '$E=mc^2$'이라는 것으로서 비로소 인식된다. 이러한 사실은 자칫하면 우리를 버클리식 관념주의 Idealism로 이끌어가기 쉽다. 버클리의 주장을 쉽게 풀어 설명하자면, 의식되지 않는 어떤 것이 있다고 주장하는 것은 자기모순이며, 의식된 것은 필연적으로 비물질적, 즉 정신적인 것이므로 존재하는 모든 것은 물질적이 아니라 정신적인 것, 즉 관념적인 것이라고 따져 나갔다. 그런데 우리가 몇 차례 보아 온 것처럼 언어 이전에는 의식이 있을 수 없다. 따라서 언어 이전에는 아무 것도 존재하지 않는다는 결론이 서게 된다.

상식적으로는 너무나 엉뚱한 이러한 견해는 중요한 철학적 견해로서 철학하는 방법에서 볼 때는 거의 양극을 이루고 있는 하이데거와 비트겐슈타인에 의해서 다 같이 주장되고 있다. 하이데거는 "언어가 있는 곳에서만 세계가 있다"고 했고, 비트겐슈타인은 "우리가 이야기할 수 있는 것만이 존재한다"고 말했다. 이러한 주장을 문자 그대로 받아들인다면, 언어를 사용하는 모든 인간이 지구상에서 없어질 때 지구는 물론 우주 전체가 없어진다는 결론을 내릴 수밖에 없다. 이러한 결론이 우리의 상식, 우리의 철학적 사고를 포함한 모든 행위의 전혀 의심하지 않고 받아들인 전제를 부정하는 결과를 나타낸다. 우리의 삶은 직감적으로 아니 무의식적으로 어떠한 의심도 생기기 이전에 무엇인가가 이미 존재하고 있다는 확신을 전제한다.

어떤 존재에 대한 가장 원초적 확신을 버리지 않는 이상, 언어 이전에 아무 것도 존재하지 않는다는 철학적 주장은 새로이 해석되고 설명되어야 한다. 언어가 있는 곳에서만 세계가 있다는 말은 단순히 말해서 어떤 존재가 무엇무엇으로서 인식될 때는 반드시 언어를 거침으로써만이라는 뜻에 불과하다. 달리 말하자면 언어로 의미된 것은 반드시 언어를 통해서만 가능하다는 하나의 토톨로지(동의이어)로 생각할 때에만 비로소 위의 심각한 것 같으면서도 잘 알 수 없는 철학적 견해를 잘 이해하게 된다. 하이데거와 비트겐슈타인의 생각이 만일 착각에서 나온 것이라면 그 착각은 그들이 다 같이 존재차원과 의미차원을 혼동한 데서 생긴 것이라고 믿어진다. 그들은 이 두 차원의 성질을 확실히 파악하지 못함으로써 두 차원이 하나의 차원으로 귀납될 수 있다고 믿어서 존재차원이 의미차원으로 환원된다고 믿고 있었던 것이다.

존재와 언어, 언어차원과 의미차원에 대한 또 하나의 혼동은 예를 들어 데리다와 같은 젊은 철학가에게서 가장 뚜렷하게 볼 수 있다. 데리다는 언어가 그것의 지시대상물과 일치할 수 없을 뿐더러, 일치하지 않음으로써만 그 지시대상물을 의미할 수 있다고 강조한다. 이렇게 해서 그는 언어에 대한 올바른 이해에서 출발하지만, 그는 그런 사실로부터 납득하기 어려운 결론을 낸다. 언어와 그 지시대상물이 일치하지 않는다는 것은 그것들 사이에 거리가 있음을 의미한다. 따라서 어떤 사물이나 현상을 표현하려는 언어는 절대로 완전히는 그것의 목적을 달성할 수 없다는 것이다. 이로부터 데리다는 주장하기를, 우리는 사물이나 현상, 즉 모든 존재를 완전히 알지 못한다는 것이다. 그는 말하기를, 존재는 우리들로부터 마치 미꾸라지가 손가락 사이로 빠져나가듯이 '빠져나간다'고 말한다. 존재가 언어에서 다소나마 빠져나간다는 말은 무슨 뜻인가? 거꾸로, 언어는 존재를 완전히 표현하지 못한다는 말은 무슨 뜻인가?

이와 같은 문제는 언어와 존재 사이에 어떤 인과관계가 있음과, 언어는 그것이 표현하고자 하는 존재의 대치물임을 전제로 할 때 생긴다. 이 경우 대치물은 의미의 비유적 뜻이 아니고 문자 그대로 또 하나의 존재 차원에 속하는 물건임을 뜻하는 것 같다. 그러나 '의미'를 갖는 한에서 언어는 비록 그것이 구체적인 음이나 문자 같은 물질적 기호를 통해서만 나타날 수 있지만, 그런 언어의 의미는 물질적 차원과는 관계 없이 개념으로서 이데아, 즉 존재와는 다른 차원에 있음을 잊어서는 안 된다.

거듭 말해서 존재와 그것의 의미(언어화)는 전혀 별개의 차원에 속하기 때문에 거기에는 아무런 인과적 혹은 논리적 관계가 성립될 수 없다. 따라서 언어가 어떤 존재를 완전히 표현하지 못한다는, 일반인에게나 철학자 가운데 널리 퍼진 견해는 언어의 본질을 정확하게 이해하지 못한 데서 온다고 믿어진다. 이런 오해를 가장 대표적으로 나타내는 철학자 가운데서 플로티노스·베르그송·하이데거 같은 이들을 예로 들 수 있다. 고정된 의미를 갖게 마련인 언어로써 유동하는 존재를 서술해야만 하기 때문에 그렇게 서술된 존재는 왜곡되었다고 주장하면서, 언어를 초월해서 직접 존재를 보도록, 즉 의식하도록 해야 한다고 베르그송이 주장했음은 널리 알려진 사실이다. 한편 하이데거는 애매하고 모호한 시적 언어, 특히 횔덜린의 시의 뜻이 존재하는 것들과 가장 가깝게 될 수 있다고 역설한다. 그러나 거듭 말해서 이들의 주장은 존재차원과 의미차원을 잘못 이해한 데서 오는 오류이다. 어떻게 사물과 그것의 의미가 유사할 수 있겠는가? 어떤 의미로서 빨간 색이 5cm와 가깝다 멀다 이야기될 수 있겠는가?

그러나 역시 언어는 존재를 표현한다. '강아지'라는 말로 그냥 뜻이 아니라 실제로 존재하는 강아지를 나타내고, 모든 과학이론은 구체적으로 존재하는 물리현상을 서술한다. 결국 말하자면, 존재와 언어가 서로 아무런 인과적 혹은 논리적으로 연결되어 있지 않지만 어떻게 해서든지 서로 연결될 수 있음은 너무나 자명하다. 그렇다면 그 관계는 어떻게 설명될 수 있겠는가?

하나의 비유를 들어 설명하자면 우리는 바다 속의 어류와 그것을 잡기 위해서 만든 어망의 관계를 생각할 수 있다. 우리는 흔히 필요에 따라, 즉 새우를 잡느냐 오징어를 잡느냐에 따라 일정한 모양의 어망을 뜬다. 알맞은 어망을 사용할 때 우리는 우리가 원하는 물고기를 잡게 된다. 말하자면 그물에 물고기가 걸려든다. 이런 의미에서 물고기와 어망은 어떤 관계를 맺고 있다. 그러나 사실상 어망과 물고기는 아무런 직접적인 관계가 없다. 물고기는 존재하는 물체로서 그것대로 어떤 질서 속에 그것대로의 질서를 갖고 있으며, 어망은 물고기나 그것들이 살고 있는 환경과는 아무 관계 없이 어망이라는 조직으로 있다. 물고기나 그것들이 살고 있는 환경은 우리의 뜻대로 바꿀 수 없는 자연에 속하지만, 어망은 우리가 우리의 뜻대로 만들 수 있는 문화, 즉 사고의 체계에 속한다. 이러한 사고의 체계, 즉 어망은 물고기 잡는 일, 물고기 자체와 아무 상관 없이 여러 가지로 짜여질 수 있다. 그러나 누구나 다 알고 있듯이 때에 따라 물고기와 직접 관계 없는 어망도 물고기를 얽어 잡아낼 수 있다.

여기서 물고기는 사물에 해당되어 존재차원에 비유되고, 어망은 언어에 해당되어 의미차원에 비유된다. 언어는 우리의 경험을 조직하는 의미의 체계이다. 이러한 체계가 사물과 독립해서 얼마든지 있을 수 있다는 것은, 수학이 사물과 직접 관계 없이 하나의 의미체계로서 연구될 수 있다는 것으로 증명된다. 물고기를 잡아올리는 어망이 물고기가 아님은 물론 물고기의 복사사진도 아닌 것과 마찬가지로, 사물을 서술로써 의미해 주는 언어는 결코 사물의 일부도 아니며 사물의 복사사진도 아니다. 어떤 어망의 좋고 나쁨이 우리가 어떤 종류의 물고기를 잡으려는가에 따라 비로소 결정될 수 있는 것과 마찬가지로, 적절하거나 그렇지 않은 언어는 그 언어가 어떤 절대적인 존재를 정확하게 복사하느냐 않느냐에 달려 있는 것이 아니라, 우리가 어떤 필요에 따라서 사물에서 얻는 경험이 어떻게 조직되기를 바라는가에 의해서 결정된다.

이와 같이 해석된 사물과, 사물을 서술하는 언어가 나타내는 의미의 관계를 우리는 인식이라고 부를 수 있는데, 그것이 구체적으로 어떠한 것인가를 자세히 살펴봐야 할 지점에 이르렀다.

3장
인식이란 무엇인가

1. 지각적 인식과 이론적 인식

어떤 물질적 대상에 대한 앎을 이해와 구별해서 인식이라고 했는데 그것은 다름아니라, 어떤 의식과 어떤 대상과의 관계에서 대상이 의식에 의해서 언어라는 매개로 '무엇무엇'이라고 서술되는 경우를 가리킨다. 이와 같이 생겨진 인식적 서술은 크게 두 가지로 구분할 수 있는데 그것은 각기 지각적 인식observational knowledge과 이론적 인식theoretical knowledge이다.

전자가 인간의 오관으로써 직접 얻을 수 있는 지식이라면, 후자는 전자를 기초로 해서 논리를 갖고서 구축된 간접적인 지식이다. 우리가 눈을 뜨고 쳐다보면 물이 액채라는 것을 대뜸 알고 나무에서 사과가 떨어진다는 것을 대뜸 알지만, 우리는 또한 물이 H_2O라는 것과 사과가 만유인력에 의해서 떨어진다는 것도 간접적으로 알고 있는 터이다. 인간의 지식이 발달되고 안 됨은 후자와 같은 이론적 인식이 얼마나 발달되었느냐에 달려 있다. 왜냐하면 전자의 지각적 인식이 누구나 태어날 때부터 갖고 있는 주어진 능력인 데 비해서, 후자의 이론적 인식은 후천적으로 우리가 얼마만큼 생각하고 노력했느냐에 달려 있기 때문이다. 편의상 마르크스의 어휘를 빌어서 우리는 지각적 인식을 인식의 하부구조, 이론적 인식을 인식의 상부구조라고 부를 수 있다.

이론적 인식이 어떤 의미에서 지각적인 것과 대조해 이론적이며 어째서 직접적이 아니고 간접적인가 하는 것은 자연과학의 성립과정을 대충 살핌으로써 쉽사리 이해될 것이다. 우선 과학자는 자연현상을 관찰한다. 다시 말하면 그는 우선 지각적 인식에서 출발한다. 이런 토대 위에서 한 대상의 현상이 어째서 그러한 모습을 나타내는가 하는 가설을 세우게 된다. 이런 과정을 통속적으로 말해서 귀납적 사고라고 부른다. 일단 한 가설이 서면 그런 가설로부터 완전히 논리적으로 연역되는 어떤 현상을 예언하게 된다. 그 다음 단계로 그 예언된 현상이 실제로 생기는가 어떤가를 우연한 경험을 통하거나 인위적인 실험을 통해서 실험한다. 이런 과정은 실증verification이라고 부른다.

이와 같은 모든 과정이 만족스럽게 이루어졌을 때 처음에 세웠던 가설은 실증이 된 것으로 받아들여지고, 가설이란 명칭을 벗어나서 법칙 혹은 이론이라는 새로운 명칭을 얻게 된다. 이 이론이 바로 과학적 지식인 것이다. 과학적 지식은 또한 설명적 지식이라고도 부를 수 있다. 왜냐하면 그것은 직접 무엇을 지시하는 것이 아니라 눈으로 볼 수 있는 어떤 현상을 보이지 않는 어떤 사실로써 설명해주기 때문이다. 그리하여 눈으로 볼 수 없는 만유인력에 의해서 사과가 떨어지는, 눈으로 볼 수 있는 현상이 설명되는 것이다.

과학적 인식이 지각적 인식과 비교해서 인식의 상부구조를 이루지만 그 상부구조는 다시 하부구조와 상부구조의 관계를 맺게 된다. 사과가 떨어지는 하나의 현상과 조수의 현상과 달이 움직이는 현상은 각기 과학적 법칙에 의해서 개별적으로 설명될 수 있으므로 그 설명들은 제각기 인식에서 하나의 상부구조를 이루지만, 그 여러 가지 개별적 법칙들이 만유인력의 법칙에 의해서 총괄적으로 설명이 된다면 우리는 만유인력 법칙을 이론이라고 부를 수 있으며, 이때 이론은 법칙에 비해서 인식의 상부구조를 이루는 것이다. 이와 같이 해서 과학 내에서의 상하부구조 관계는 퍽 복잡하게 되는데 아인슈타인의 '일반상대성원리'나 보어와 하이젠베르크의 '양자역학量子力學Quantum Mechanics'은 각기 거시물리학 Macro-physics과 미시물리학Micro-physics에서 가장 상위의 상부구조를 이루고, 나아가서는 아인슈타인의 '통일장이론Unified Field Theory'은 그 어떤 이론보다도 상위에 자리잡은 상부구조를 이루는 지식이다.

여기서 우리는 깊은 이론일수록 지각된 대상과 점차 멀어져가고 있음을 알게 된다. 그러나 아무리 높은 상부구조에 속하는 이론일지라도, 하나의 과학이론은 필연적으로 어떤 구체적인 물질적 대상에 관한 서술이니만큼 그 이론의 옳고 그름은 결국, 우리가 이론 이전에 직접 접촉할 수 있는 지각으로 인식한 대상을 있는 그대로 서술했느냐 안 했느냐에 달려 있게 된다. 아무리 세련된 이론일지라도 그것이 궁극적으로 지각된 대상을 밝혀주지 않으면 우리는 이를 받아들일 수 없게 된다. 어떤 종류의 인식도 지각에 바탕을 두고 지각으로 돌아가게 마련이다. 따라서 아무리 상부구조에 속하는 이론일지라도 만약 그것이 확실한 지각의 확고한 반석 위에 건설되지 않으면 하나의 아름다운 신기루에 그치고 만다. 결국 인식의 궁극적인 문제는 우선 어떻게 틀리지 않은 지각을 성취할 수 있는가를 규명해내는 데 있다.

어떤 서술이 인식의 앞서 말한 어떠한 구조에 속하든 간에 그것이 어떤 사물을 서술하는 것이라면 그것은 반드시 맞다(眞) 혹은 틀리다(僞)로 결정되어야만 인식적 서술로서의 의미를 갖는다. 이러한 인식적 서술을 우리는 편의상 '진술statement or proposition'이라고 불러 다른 종류의 문장sentence과 구별한다.

모든 진술이 반드시 사실과 맞는 것은 아니다. 그러므로 진술은 사실과 맞을 때와 그렇지 않을 때, 즉 진과 위의 두 경우로 구별된다. 어떤 진술이 맞는지 아닌지를 모르더라도 그 진술이 어떤 조건하에서 맞을 수 있는가를 알 때 우리는 그 진술을 이해한다고 하고, 그 진술이 실제로 사실과 들어맞았을 때 우리는 그 진술을 비로소 엄격한 의미에서의 인식이라고 부른다. 바꿔 말해서 우리는 사실에 대한 단순한 의견doxa이 아니라 인식episteme을 갖게 된다. 인식은 의미차원을 표시하는 하나의 언어와 그것이 지시하는 존재차원의 대상과 일치된 상태이다.

이와 같이 정의된 인식의 논리를 밝히는 일은 적어도 서양철학의 가장 중추적인 문제로서 플라톤에서부터 데카르트를 거쳐 후설에 이르는 전통을 이루고 있다. 왜냐하면 이 문제는 모든 문제의 근본적인 핵심이 될 뿐 아니라 특히 데카르트의 이른바 방법론적 의심을 통해서 명백해진 것처럼 극히 어려운 문제이기 때문이다.

우리는 가르침 혹은 관습을 통해서 허다한 진술이 사실과 맞다(眞)고 확신하고 그런 확신을 바탕으로 하고서 살고 있다. 그러나 역사는 과거에 인식이라고 믿어왔던 여러 가지 것들이 그렇지 않음을 증명해주었다.

실상 우리가 좀 반성해보더라도 여러 가지 이유로 많은 것을 고의는 아니지만 잘못 알고 있음을 알게 된다. 가까운 예로 나는 한 그림자를 사물로 착각하기도 하고 여자를 남자로 잘못 알기도 하며 5+7=13이라고 흔히 잘못 계산하는 수가 있다.

이런 일상 사실에서 생긴 의심을 밀고 갔던 데카르트는 단 한 가지를 제외하고는 모든 것을 의심할 수 있다고 주장했다. 그는 말하기를 아무리 우리가 무엇인가를 확실히 알고 있다 하더라도 실상 우리는 단지 꿈을 꾸고 있는지도 모르며, 그렇지 않을 경우라도 '악령'의 장난에 넘어가서 착각을 하고 있는지도 모른다고 주장했다. 그리하여 7+5=12가 아무리 우리에겐 틀림없이 명백하더라도 그 악령의 장난에 넘어가고 있을지도 모른다는 것이다. 따라서 그는 주장하기를 모든 '앎'은 의심될 수 있다고 말한다. 그러나 의심되지도 않고 알 수 있는 단 한가지 존재는 '생각하는 자아'라고 하여 그는 철학적 절망으로부터 우리를 구원해준다. 그의 논리를 따르자면 아무리 무엇인가를 의심해도 나는 내가 그것을 의심하고 있다는 것, 즉 내가 생각하고 있다는 것을 인정하지 않을 수 없다. 그러므로 '생각'이 존재한다는 것은 유일하게 확신하는 것이며, 내가 생각하려면 나는 '나'라는 존재를 부정할 수 없다는 것이다.

이것이 바로 데카르트의 유명한 명제 '나는 생각한다. 그러므로 나는 존재한다'이다. 데카르트는 이 명제를 인식의 흔들릴 수 없는 반석이라고 확신하고 그 인식으로부터 사물에 관한 확실한 인식을 구축하려고 했다. 그러나 문제는 데카르트가 생각했던 바와 같이 간단히 해결되지 않는다. 데카르트를 따르면 비록 그의 명제가 옳다 하더라도 우리는 각자 자기의 존재밖에는 확실히 알 수 없다는 이른바 유아론唯我論Solipcism에서 빠져나가기 어렵게 된다.

데카르트는 '나 자신'뿐만 아니라 나 아닌 어떤 대상에 대한 인식의 가능성을 뒷받침하기 위해서 신의 존재를 전제해야만 했고 이른바 유명한 '존재론적 이론ontological argument'으로써 사실 신의 존재가 확실히 증명된다고 믿었다. 그에 의하면 신은 전선全善하므로 우리가 어떤 것을 '확실하고 분명하게clair et distinct' 의식할 때 우리의 의식은 어떤 악의에 의해서 흐려졌을 이유가 없으므로 사실과 맞지 않는 의식·인식이라고 믿을 수 있다는 것이다. 그러나 데카르트의 해결책은 그가 생각했던 것처럼 간단하지 않다. 우리는 이미 이른바 '존재론적 이론'에 모순이 있음을 알 뿐 아니라, 비록 그것이 옳다 해도, 만약 두 사람 혹은 세 사람이 어떤 대상을 놓고 서로 다른 인식을 주장하면서도 또한 다 같이 '확실하고 분명하게' 알고 있다고 주장한다면 그 사람들을 초월한 입장에 서서 어떤 인식이 옳다고 결정내릴 수 있는 권위를 가질 사람은 아무도 없다. 그렇다면 우리는 객관적으로 그 대상에 대한 인식을 가졌다고 말할 수 없다.

데카르트의 해결책이 만족스럽지는 못하다 하더라도 데카르트가 제기한 문제, 즉 확고부동한 인식을 가지려는 것이 인식의 근본적인 문제이다. 좀 달리 설명해서, 우리가 어떤 대상에 대해 갖고 있는 '믿음'에 대한 확고한 근거를 찾으려는 것이 인식 문제의 핵심이 된다. 그런데 그 '믿음'은 반드시 언어로 진술되며, 그 진술이 옳고 그름은 그 진술을 이해함으로써만은 결정될 수 없고, 오직 그 진술, 즉 언어 아닌 사실과의 관계에서만 결정될 수 있는 문제이다. 진술언어의 진위를 결정하게 되는 대상은 지각을 통한 경험에 의해서만 알 수 있는 것이므로, 인식의 문제는 결국 우리를 지각의 문제로 이끌어가게 된다. 가령 하늘이라는 대상을 보고 "하늘은 푸르다"라는 진술은 무엇을 의미하는가? 그것이 옳고 그르다 함은 무슨 말인가? 이런 문제에 대한 대답은 '경험론' 혹은 더 간단히 말해서 '지각에 대한 이론'이 될 것이다. 이 이론은 따지고 보면 별 게 아니라 의식과 그것이 직접 대하는 대상과의 관계에 대한 이론에 지나지 않는다.

3. 지각에 관한 이론

1) 표상이론Representationalist Theory

어떤 대상, 예를 들어 한 책상을 보면 우리는 그것이 책상이라는 것을 안다. 우리는 우리 눈 앞에 실제로 책상이라는 물체가 존재하고 있음을 의심하지 않는다. 우리는 우리가 보고 듣고 할 수 있는 것들이 객관적으로 존재하고 있다는 것을 의심하지 않는다. 만약 누가 "어떻게 그런 것이 정말 있는가를 아느냐?"라고 묻는다면 우린 대뜸 그런 질문을 하는 철학자를 미친 놈이라고 생각하거나, 그렇지 않으면 "눈에 보이니까 알지" 하고 대답할 것이다. 이런 태도는 일반 사람들이 대개의 경우에 의심할 수 없는 진리로서 취하고 있는 태도이다. 우리는 이럴 때 '소박한 사실주의자naive realist'로 머물러 있는 것이다.

그러나 데카르트를 다시 끌고 나오지 않더라도 조금만 생각하면 우리의 이러한 상식적인 확신에 의문의 여지가 있음을 발견하게 된다. 어떤 대상이 우리의 의식에 비치는 모양은 우리의 지각기관에 달려 있지 않은가? 똑같은 대상도 강아지 혹은 지렁이에게는 사람들에게 나타나는 모양과는 달리 나타날 것이며, 구태여 지렁이의 예를 들지 않더라도 근시이거나 혹은 색맹일 경우에 같은 대상도 각기 다르게 보인다. 더 확실한 예로 우리는 흔히 착각 혹은 환각 같은 것을 갖게 된다. 예를 들어 가끔 책상을 땅바닥으로 착각하는 지각의 오류를 범하게 된다.

우리가 소박한 사실주의로부터 해방되었을 때 우리는 지각에 대한 어떤 해석을 가질 수 있을까? 여기서 우리는 이른바 표상이론을 생각해볼 수 있다. 비록 증명은 못할지라도 철학자를 빼놓은 모든 사람들은 어떤 사실이나 경험은 꿈이 아니라는 확신을 갖고 있다. 진실로 모든 것이 꿈일지도 모른다고 생각했던 장자는 데카르트와 더불어 유일한 예에 지나지 않는다.

다시 말해서 우리는 누구나 꿈과 현실, 환각과 지각을 구별한다. 우리가 지각하는 사물은 확실히 존재하고 있으며 우리가 그 사실을 직접 있는 그대로 보지는 못할지라도 그 실존하는 사물은 그 사물에 대한 나의 지각의 근거가 된다. 나는 어떤 대상을 직접 본다고 하기보다도 그 대상에 대한 이데아idea를 갖고 있다. 그런 이데아는 대상이 내게 일으켜주는 감각sensation을 거쳐서 형성된다. 따라서 감각을 통해서 얻게 되는 이데아는 어떤 대상 자체가 아니라 그 대상을 대표해주는, 즉 표상해주는 것에 지나지 않는다. 지각에 대한 이러한 이론은 영국의 철학자 로크에 의해서 주장되었다. 이 이론을 우리는 '표상이론Representationalist Theory'이라고 부를 수 있다.

여기서 문제는 소박사실주의에서와 마찬가지로 어떻게 착각과 실재를 가려내느냐에 있다. 어떤 대상을 보고 가령 '개'라는 이데아를 갖게 됐을 때 과연 '개'라는 나의 이데아가 맞느냐 틀리느냐를 결정하려면 그 이데아의 근원이 되는 실존하는 개를 알아야 할 것이다. 그래서 '개'라는 나의 이데아와 실재하는 개가 일치할 때 나의 지각은 옳은 것으로 결정될 것이요, 그렇지 않은 경우엔 아닌 것으로 결정될 것이다.

그런데 내 지각의 진위를 결정할 가능성이 처음부터 없게 된다. 왜냐하면 표상이론에 의하면 '개'라는 이데아를 넘어 직접 '개'라는 대상을 알아볼 수 없기 때문이다. 아무리 '개'라는 이데아를 넘어서 실재하는 개를 알았다고 한대도 그것이 알아졌다는, 즉 지각되었다는 순간 이미 또 하나의 이데아에 지나지 않게 된다. 우리는 마치 이데아라고 부를 수 있는 겹겹으로 싸인 감옥에 갇혀 있는 셈이다. 우리가 아무리 하나의 벽을 넘어서더라도 또 하나의 벽에 갇혀 있음을 발견하고 절대로 모든 벽을 넘어서 실재하는 사물과 직접 접촉할 수 없는 운명에 걸려 있는 셈이다.

그래서 표상이론을 밀고 나가면 나 개인이 갖고 있는 이데아를 제외하고 나 아닌 다른 사람들이나 사물의 존재를 확신할 수 없게 된다. 그러나 이와 같은 결론은 우리의 가장 보편적인 상식에 어긋난다. 그런데 따지고 보면 우리는 나 외의 다른 사람이 존재하고 있다는 것, 나 밖의 어떤 대상들이 내가 그것에 대해 어떤 이데아를 갖기 이전에 존재하고 있다는 전제 속에서 살아가고 있다. 이러한 문제는 이미 데카르트의 철학에서 봉착했던 것인데, 똑같은 문제가 지각의 표상이론에 나타나게 된다.

데카르트는 이 문제를 해결하는 방법으로 앞서 본대로 이른바 '존재론적 이론'에 의한 신의 증명을 들고 나왔었다. 이 이론은 아주 거칠게 요약해 말해서 어떤 개념으로부터 그 개념이 지시한 존재를 유출하는 이론이다. 데카르트는 '신'이라는 개념에서 그것의 존재가 추리될 수 있다고 주장했다. 그는 말하기를, 우리는 '신'이라는 개념을 갖고 있다. 이런 사실을 일단 전제하고 나서 그 '신'이라는 개념을 분석할 때 '신'은 비단 개념에 그치지 않을 뿐 아니라 개념이 지시하는 존재, 즉 신의 실재를 입증하게 된다는 것이다. 왜냐하면 신이라는 개념은 전선전지전능한 것으로 가장 완전한 것을 의미하는데, 만약 그 속에 존재라는 개념이 끼지 않으면 완전하지 못하고 역으로 존재라는 개념이 붙을 때 더 완전할 수 있다는 것이다. 이러한 논리로써 데카르트는 신의 존재가 이성에 의해서 증명된다고 생각했다. 일단 신의 존재가 증명되고 나면, 다른 방법으로는 증명할 수 없는 나 아닌 타인이나 내 생각 아닌 외계의 객관적 대상의 존재가 증명된다고 믿었다.

그러나 '존재론적 이론'은 이른바 의미와 존재, 혹은 이해와 존재, 또는 본질과 현상을 혼돈함으로써만 생길 수 있는 주장이다. 나는 '뿔 달린 사람'이라는 개념을 이해할 수 있지만 나는 또한 그런 모양의 사람이 존재하지 않는다는 것을 충분히 안다. 그런 모양의 사람이 존재하지 않는다는 것이 '뿔 달린 사람'이란 개념의 의미에는 아무런 영향이 없다.

이와 마찬가지로 우리는 신이란 말은 완전한 존재를 의미함을 알고 있다. 그러면서도 그러한 신은 실제로 존재하지 않을 수 있다. 신의 의미를 이해한다는 것은 단순히 어떠어떠한 조건하에서 "신은 완전하다"는 말이 옳게 결정될 수 있는가를 가상할 수 있다는 것만 의미하지 실제로 그러한 조건이 실현되었다는 것은 아니다. 비록 신이 존재하더라도 신이라는 의미에는 아무런 변함이 없다. 이러한 의미와 존재, 본질과 현상의 논리적 관계를 칸트는 "존재라는 개념은 속성적 개념이 아니다"라는 말로 지적했다. 다시 말해서 신이 존재하건 안 하건 신이라는 개념에는 아무런 상관이 없다.

일단 '존재론적 이론'의 모순이 지적됐을 때 신의 존재를 증명하려는 시도는 붕괴되고, 신의 존재가 의심될 때, 데카르트나 로크의 철학에서는 타인의 존재와 나 밖의 객관적 사물의 존재를 증명하는 문제는 풀리지 않은 채 그대로 남게 된다. 우리는 문제의 새로운 해결책을 강구해야 할 입장에 몰려 있다.

2) 관념주의Idealism

현실주의나 표상주의는 다 같이 우리가 어떤 대상을 알 수 있는 길은 감각적 경험이라고 믿으면서도 또한 우리의 경험 내용과 그 경험을 가능케 하는 경험의 대상은 간격이 있고 그럼으로써 경험을 가능케 하는 것, 즉 대상이 독립해서 존재하고 있다는 것을 전제로 하고 있으며, 이미 말했듯이 이러한 전제는 철학 이전의 보편적인 상식이며 신념이다. 그러나 위의 두 가지 이론은 다 같이 그 대상의 존재가 하나의 근거 없는 '신앙'이 아니라는 것을 증명해주지 못한다. 여기에 바로 이 두 이론의 난점이 있다. 만약 경험으로 증명될 수 없는 대상이 경험 이전에 존재한다는 생각이 문제거리라면 문제의 해결은 지극히 간단할 수 있다. 그와 같은 대상이 경험 이전에 있다는 생각을 버리면 된다. 다시 말해서 문제의 해결은 문제를 제거하는 데서 찾을 수 있을 것이다. 이것이 바로 유명한 버클리의 관념주의Idealism이다.

버클리는 로크와 마찬가지로 대상에 대한 우리의 경험은 이데아로 파악되는데 로크와는 달리 존재하는 것은 그 이데아뿐이지 그 이데아를 넘어 어떤 별개의 대상이 존재한다고 생각할 필요가 없을 뿐더러 그러한 가설을 세울 아무런 근거도 없다는 것이다. 왜냐하면 우리가 어떤 존재를 알려면 경험을 통해서만 하는데, 경험한다는 것은 의식적 현상으로서 관념적인 것이다. 따라서 의식 속에서만 지각될 수 있는 모든 것들은 물질적인 것일 수 없으며 관념적인 것일 수밖에 없다. 이러한 주장을 이데알리즘Idealism, 즉 관념주의라고 부른다. 이데알리즘이라는 말은 대충 서로 관계가 없는 두 가지 의미로 쓰이기 때문에 그 둘의 의미를 혼돈하지 않기 위해서는 그 두 가지 의미가 어떤 것인가를 우선 살펴봐야 할 것이다.

이 두 가지 의미는 심리적인 관점과 존재론적인 관점으로 구별될 수 있는 것으로, 전자의 경우는 우리 말로는 '이상주의'라는 말로 변역될 것이고, 후자의 경우는 관념주의라는 말로 번역된다. 이상주의는 현실주의와 구별되어서 모든 것을 낙관적으로 어려운 것도 실현될 수 있다고 생각하고 그런 꿈을 실현하려고 하는 태도이다. 한편 관념주의는 유물주의와 대립해서 모든 사물의 궁극적인 성격은 물질이 아니고 정신적인 것이라고 믿는 존재론적 개념이다.

지각에 대한 문제, 이른바 소박사실주의와 표상주의에서 볼 수 있었던 근본적인 문제는 우리가 경험할 때 의식 속에 갖게 되는 이데아와 대립해 그 이데아의 원인 혹은 근거가 되는 물질적인 대상이 존재한다고 전제한 데서부터 생겨났음을 앞서 살펴보았다. 모든 것이 '이데아'에 불과하다는 결론을 내림으로써 버클리는 물질적 존재를 부정한 셈이고, 그 결과 지각에 대한 이론에서의 난점이 풀린 셈이다. 왜냐하면 일단 이데아가 옳은가 그른가를 결정하기 위해서 필요한 물질적 대상이 제거되면 그와 같은 비교가 도대체 필요없게 된다. 따라서 지각의 진위의 문제도 동시에 없어진다.

언뜻 보아서 정말 설득력이 있는 버클리의 관념주의, 즉 물질은 존재하지 않고 오직 이데아만이 있다는 생각, 즉 책상이나 돛이나 별은 모두 물질이 아니라 이데아라는 생각은, 우리의 상식과 너무나 어긋날 뿐 아니라 세밀히 따지고 보면 버클리의 논리에는 모순이 있다.

우선 상식적인 문제에서부터 생각해보자. 버클리에 의하면 지각되지 않는 존재는 없다는 것인데, 이런 주장은 그의 유명한 명제 '존재는 지각된 것'이라는 말로 표시된다. 그러나 우리의 상식은 우리 모두가 눈을 감거나 세상 사람이 한 번도 본 일이 없었다 해도 예를 들어 금성은 언제나 존재할 것임을 확신하고 있다. 즉 객관적인 존재는 우리의 지각과는 독립해 있다고 믿고 있는 것이다. 물론 버클리는 이러한 어려운 문제가 자기 이론 속에 내포되어 있음을 알고 그 문제를 풀기 위해서 신의 존재를 끌어들인다. 만약 누구도 보지 않는데 무엇인가가 그래도 존재한다면 그것은 신의 눈에 지각됐음을 의미한다는 것이다.

이렇게 해서 내가 보지 않아도, 내가 죽어도 어떤 사물이 존재한다는 일반적인 확신이 설명된다. 그러나 비록 여기까지의 이론이 옳다 해도 문제는 신의 존재이다. 만약 신이 존재하지 않는다면 버클리의 논리는 무너지고 만다. 기독교 사제였던 버클리에게는 신의 존재가 확실할 수 있었을지 모르지만, 신의 존재가 철학자에 의해 받아들여지려면 그것은 이성에 의해서 증명되어야 할 것이다. 그런데 신의 존재를 가장 논리적으로 증명한다고 믿어졌던 이른바 '존재론적 증명'은 이미 보았듯이 받아들일 수 없게 되었다. 그러므로 버클리는 사람이 보지 않아도 어떤 물질이 존재한다는 사실을 설명하지 못한 셈이다.

그뿐 아니라 몇 세기를 두고 많은 철학자들을 당황시켰으면서도 설복했던 것처럼 느끼게 했던 버클리의 관념주의 이론의 핵심은 이제 분석해볼 때 논리적 오류를 범하고 있음을 알게 되었다. 버클리는 "지각되지 않는 것은 지각되지 않았다", 또 거꾸로 말해서 "지각된 모든 것은 반드시 지각된 것"이라는 아주 자명한 사실에서 "지각되지 않는 존재는 없다" 혹은 "모든 존재는 지각되었다"라는 결론을 내렸다. 또 달리 말해서 "모든 존재하는 것은 내게 지각되는 한에서 존재하는 것으로 지각된다"라는 자명한 사실에서 "그러므로 내게 지각되지 않는 존재는 있을 수 없다"는 결론을 내린다. 그러나 이 논리는 의미차원과 존재차원, 인식과 대상을 혼돈함으로써 생긴 논리이다. 내가 존재한다고 알 수 있는 것은 오직 내가 알고 있는 한에서 가능하다. 그러나 이 말은 내가 알지 못하는 것은 존재하지 않는다는 의미를 포함하고 있지 않다. 전자를 하나의 전제로 할 때 그것으로부터 후자의 결론이 연역될 수 없는 것이다.

버클리의 관념주의의 난점은 이것으로만 끝나는 것이 아니다. 만약에 버클리의 관념주의를 받아들인다면, 소박사실주의나 표상주의의 경우와 마찬가지로 착각이나 환각의 현상을 설명할 수 없게 된다. 그러나 우리는 어떤 이론 이전에도 착각이나 환각이 있음을 알고 있다. 직선이 곡선으로 보이는가 하면, 메마른 사막이 오아시스로 나타나기도 함을 알고 있다. 지각에 대한 새로운 해석을 찾을 필요가 있다.

3) 현상주의Phenomenalism

현상주의는 관념주의와 마찬가지로 모든 대상에 대한 우리의 앎은 지각을 통한 경험에 의해서만 가능하다고 주장한다. 그러나 관념주의와는 달리 모든 존재를 지각으로 환원시키려 하지 않고, 지각되지 않은 사물의 존재도 인정한다. 현재 당장은 아니라도 마땅한 조건하에서 마땅한 때에 지각될 수 있는 것이 사실 존재한다고 주장한다. 그리고 모든 존재는 근본적으로는 이른바 센스데이터sense-data로 분석될 수 있다고 한다. 우리는 이것을 이른바 감각소라는 말로 번역할 수 있다.

첫째로, 모든 대상에 대한 앎은 오로지 지각을 거쳐서만 얻을 수 있다는 것을 전제로 한다면, 현재 지각되지 않은 것도 존재한다고 주장하는 것은 논리의 자가당착에 지나지 않는다. 그런 사물이 존재한다는 주장은 이미 현상주의적 입장을 떠나서 현상주의가 가장 배척하는 형이상학적인 입장으로 들어감으로써만 가능한 비현상주의적 주장이 된다.

둘째로, 모든 경험이 '감각소'로 분석된다는 전제는 우리의 인식은 감각소의 자극 혹은 반영에 불과하다는 결론을 유도한다. 그러나 이 감각소라는 것 자체가 극히 애매하고 근거 없는 대상을 말하는 것 같다. 우리가 어떤 사물을 지각할 때 우리는 감각소라는 분해된 여러 요소들을 모은 다음에 그것을 무엇무엇이라고 다시금 종합하지는 않는다. 우리는 우선 직접 어떤 대상을 하나의 '무엇무엇'으로서 대뜸 지각한다.

이와 같은 사실은 이른바 형태심리학Gestalt Psychology이나 메를로-퐁티와 같은 현상학자들에 의해서 이미 충분히 증명되었다고 믿는다. 또 한편 우리는 여러 가지 과학이론이 '원자'·'전자'·'유전원자' 등등의 개념을 발견하고 이런 개념들을 통해서만 물리나 생리현상을 설명하고 이해할 수 있음을 안다.

그러나 위의 개념들은 단순히 논리적 개념과는 전혀 달리 어떤 대상을 서술하는 것으로 전제되어 있다. 다시 말하자면 많은 과학이론은, 감각소로 분석되고 지각되지 않는 어떤 사물의 존재를 전제함으로써만 가능하다. 현상주의를 따르자면 이와 같은 사물들은 본질적으로 직접 지각될 수 없는 만큼 그것들이 존재한다고 인정할 수가 없게 된다. 이러한 사실은 모두 과학이론을 근거 없는 것으로 부정해야 한다는 결론으로 몰아넣는다. 그러나 우리는 과학이론이 어느 의미에서 가장 정확한 사물의 서술임을 인정하지 않을 수 없다.

지각에 대한 위의 세 가지 이론은 다 같이 만족스럽지 못하다. 세 경우에서 근본적인 문제는 어떻게 어떤 객관적인 대상과 그것을 서술하는 언어를 연결시키느냐에 있다. 이 문제는 별게 아니라 어떻게 하면 하나의 대상에 대한 서술언어가 맞는가(眞)를 결정하며, 틀렸는가(僞)를 지적할 수 있는가를 알아내는 문제로 귀착된다. 이런 문제는 결국 '진리'라는 개념을 살피는 문제로 돌아가게 된다.

그러나 위의 세 이론은 모두 위와 같은 문제를 해결하는 데 실패했다. 따라서 우리는 어떤 사물을 정말 객관적으로 알 수 없지 않느냐는 결론을 얻게 된다. 사물을 정확하게 있는 그대로 알 수 없다는 생각, 즉 모든 인식은 확실한 근거를 가질 수 없다는 생각을 우리는 회의주의Skepticism라고 부른다. 그러나 이 회의주의는 진리라는 말의 뜻을 잘못 이해한 데서 나타난 생각이다.

그렇다면 진리란 무엇인가?

4. 사물과 진리

　우리는 흔히 '진리의 연구'·'진리를 안다' 등의 말을 한다. 이런 경우 진리는 마치 금덩어리·원숭이·조개·별·원자 등과 같이 일종의 인식의 대상으로 보이게 한다. 따라서 진리를 마치 숨은 보물처럼 발견될 수 있는 객관적인 일종의 사물이라고 생각하게 된다. 그러나 보통의 경우 금덩어리·원숭이·조개·별·원자는 그것이 어디에 있든 간에 진리가 아니다. 그렇다면 이러한 사물이 아닌 특수한 사건도 진리가 될 수 없다. 가령 1950년 6월 25일에 한국에서 전쟁이 일어난 것은 사실이나 그 사실 자체는 진리가 아니다. 비단 일상생활에서는 사물과 진리를 가려서 쓰지 않더라도 조금만 생각해보면 이 두 개념은 완전히 다른 논리적 차원에 속하는 개념들이다.

　사물 혹은 사실 혹은 사건은 존재의 차원에 속하는 개념이지만 진리는 그런 차원 밖에 있다. 우리는 사물 혹은 사건 등에 대해 서술할 수 있다. 따라서 우리는 금덩어리라는 사물을 보고 "이 물건은 금덩어리다" 혹은 "이 금덩어리는 노랗다"라고 말할 수 있다. 물론 이러한 서술은 반드시 언어로만 이루어지게 마련이다. 나는 실제로 존재하는 금덩어리와는 별개로 "이 금덩어리는 노랗다"라는 말의 의미를 안다. 그러나 이 '말'들이 사물이 될 수 없음은 말할 필요도 없거니와 동시에 이 말들은 진리도 될 수 없다. 따라서 진리라는 개념은 사물에 해당하는 말도 아니고 그와 동시에 사물을 서술하는 언어에 해당되는 말도 아니다. 그것은 언어와 사물과의 관계에만 해당되는 말이다. 바꿔 말해서 진리라는 개념은 어떤 사물을 하나의 인식대상으로 놓고서 그것에 대한 서술언어가 진술됐을 때, 그 대상과 그 언어와의 관계를 두고 하는 말이다. 그 관계가 옳을 때 우리는 그 관계를 진리라고 부르고 그렇지 않을 때 오류라고 부른다.

그 진리와 오류는 어떻게 결정될 수 있는가? 어떤 조건하에서 위에서 말한 관계는 진리라고 말할 수 있는가? 이런 문제에 대한 해답을 진리에 관한 이론이라고 부른다. 그러므로 진리란 무엇인가 하는 문제는 어떤 사실을 지적해줄 것을 요구하는 문제가 아니요, 그렇다고 어떠한 언어서술을 지적해달라는 문제도 아니다. 진리의 문제는 언어와 사물과 올바른 관계를 어떠한 규준을 가지고 결정하느냐 하는 문제로 귀착된다.

일치론 Correspondance Theory of Truth

가장 보편적으로 생각되는 것은 일치론을 들 수 있다. 간단히 말해서 이 이론이 주장하는 것은, 진리를 결정하는 규준은 언어와 그것이 서술하는 대상과의 일치에 있다는 것이다. 가령 푸른 하늘이라는 사물을 보고서 "하늘은 푸르다"라고 할 때 내가 한 말이 그 말의 대상의 상태와 실지로 일치한다는 말이다.

그러나 이와 같은 이론에는 두 가지 어려운 문제가 생긴다. 첫째의 문제는 이미 앞서 지각을 분석했을 때 부딪혔던 문제로서, 어떻게 우선 사물을 있는 그대로 알 수 있느냐 하는 문제이다. 만약 지각은 나의 오관으로만 접촉할 수 있고 그것은 이데아로써만 파악된다면, 나는 이데아를 넘어서 직접 사물과 접촉할 기회를 결코 갖지 못하게 될 것이 아닌가? 그뿐 아니라 직접 접촉이 가능하다고 하더라도 내가 보는 대상과 그것을 남이 볼 때가 서로 일치하지 않는 경우가 있는 것이 사실이라면, 나는 결코 내가 보는 대상이 정말 대상이라고 우겨댈 권리가 없다. 문제는 그뿐만이 아니다. 나는 한 대상을 직접 본다고 믿었음에도 불구하고 후에 그 것이 착각이었음을 알게 되는 경우가 있다.

이런 경우 따지고 보면 내가 어떤 경우에 착각을 했는지를 알아낼 도 리가 없게 된다. 두 번째의 난점은 더 근본적이다. 설사 이러한 문제가 해 결이 돼서 어떤 대상을 언어 이전에 직접 있는 그대로 인식할 수 있다 치 자. 그리고 그 사물과 그 사물을 서술하는 언어와 일치하는가 않는가를 결정할 수 있는 단계에 이르렀다고 치자. 그러나 도대체 언어와 사물이 어떤 뜻에서 비교될 수 있겠는가? 언어와 사물이 일치한다는 말이 성립 될 수 있는가? 가령 시간과 색, 재주와 그것의 크기를 비교할 수 없다면, 어떻게 언어의 의미와 감각될 수 있는 구체적인 사물이 비교될 수 있겠 는가? '일치'한다는 말을 보통 뜻과는 영 다른 뜻으로 해석하기 전에는 진위를 가리는 이론으로서의 일치론은 아무 효력도 없어 보인다.

일관론 Coherence Theory of Truth

일치론의 난점을 극복할 수 있다고 생각되는 또 하나의 이론은 이른바 일관론이다. 어떤 사물에 대한 나의 진술언어의 옳고 그름은, 그 언어가 제시·서술하는 사물과 비교할 수 없을 뿐만 아니라, 그 사물과 비교해 서 결정하는 것이 아니다. 이 이론은 숫제 그런 사물에 대한 집념을 버리 고, 다른 진술언어와 비교됨으로써 결정된다고 믿는다.

예를 들어 푸른 하늘을 보고 "하늘은 푸르다" 할 때 이 진술이 옳다는 근거는 "하늘에는 구름이 없다"는 하늘에 대한 나의 견해와 모순 없이 일 관될 수 있기 때문이다. 그리고 "하늘에는 구름이 없다"는 나의 견해는 "비가 오지 않는다"라는 나의 확신과 일관되므로 옳다고 결정될 수 있는 것이다. 그러나 한 진술언어의 비교대상이 될 수 있는 언어는 어느 밑바닥에 가서는 그 진술이 실제 사실과 일치한다는 것을 전제해야 한다. 이러한 전제를 우리는 원초적 진술primitive statement이라고 부른다. 이 원초적 진술은 다른 진술언어와 비교해서는 옳다고 받아들일 수 없고, 사물과의 비교에 의해서만 결정될 수 있다.

여기서 우리는 언뜻 보아 일관론이 일치론을 극복할 수 있는 이론같이 보이나 결국에 가서는 일치론이 겪어야 하는 난해한 문제를 내포하고 있음을 안다. 왜냐하면 우리는 어떤 그릇된 원초적 진술 위에 구성된 일관된 진술을 생각할 수 있기 때문이다. 이런 경우 진술과 진술 사이는 아무리 일관성이 있더라도 그것은 그릇된 진술 위에 세워진 것이므로 전체적으로 볼 때 모두 그릇된 진술, 사실과 일치하지 않는 진술이 될 것이다. 그러므로 일관론은 암암리에 일치론을 전제해야만 한다. 그러나 일치론에서 우리는 이미 해결할 수 없는 문제점을 지적해냈으며 그런 문제점을 해결하는 방법으로 일관론을 생각해봤던 것이다. 그러므로 우리는 또 다시 진리에 대한 새로운 해석을 해야 할 입장에 서게 된다.

우리는 모든 사물에 대한 우리의 경험을 서로 양립할 수 없는 두 개, 세 개 혹은 네 개의 각기 일관된 해석을 붙일 수 있다. 이러한 일관성의 원칙으로는 도저히 옳고 그른 견해를 가려낼 수 없게 되고, 따라서 하나가 서로 양립될 수 없는 두 개, 세 개, 네 개의 해석을 동시에 가질 수 있다. 그러나 한 사물이 동시에 A가 되고 B가 되고, C가 된다는 것은 논리적으로 도저히 생각할 수 없는 것이다.

실용주의 이론 Pragmatist Theory of Truth

여기서 진리에 대한 또 하나의 이론을 생각하게 된다. 이른바 실용주의 이론이다. 이 이론에 의하면, 보다 효과적인 결과에 의해서 하나의 진술은 진위로 결정될 수 있다. 예를 들어 내가 목이 마를 때 어떤 사물을 대했다고 하자. 그리고 나는 사물이 물인 줄 알고 마셨다고 하자. 우리는 물을 마시면 목이 시원해진다는 것을 안다. 그런데 이런 경우 만약 내 목이 시원해지지 않는다면 내가 기대했던 결과를 낳지 않은 셈이다. 그렇다면 나는 그 사물에 대한 나의 지각이 그릇된 것임을 결정할 수 있게 된다는 것이다. 비슷한 설명이 과학에서 흔히 사용되는 눈으로 볼 수 없는 미소립자들, 예를 들어 원자 · 양자 · 전자 같은 사물에 대해서도 적용될 것이다. 그러한 물질을 직접 볼 수는 없지만, 그러한 것이 존재한다고 믿을 때, 모든 물질의 현상을 설명하는 데 그 반대의 경우보다도 더 만족스러운 결과를 가져온다면, 이러한 미소물질들이 존재한다는 견해가 옳다고 결정된다는 것이다. 이러한 예로서 실용주의 이론은 일관론이 실패한 문제를 해결해준다고 봐야 한다.

불행하게도 실용주의 이론도 어려운 문제를 새로이 내포하고 있다. 가령 내가 암에 걸렸다고 하자. 그러나 경우에 따라 나는 그런 병에 걸리지 않았다고 믿음으로써 생리적 혹은 심리적으로 더 좋은 효과를 낸다는 가정은 얼마든지 할 수 있다. 그러나 내가 병에 걸리지 않았다는 생각은 옳을 수가 없음이 자명하다. 또 다른 예를 들자면 신이 실제로 존재한다고 믿음으로써 많은 사람들이 생에 크게 즐거움을 가져왔고 현재도 그럴 수가 있다. 그렇다고 우리는 "신이 존재한다"는 진술이 진리가 아닐 수 있음을 잘 알고 있다.

이렇게 해서 우리는 진리의 규준에 대한 세 가지 이론이 모두 불만족스러움을 알게 되었다. 여기서 우리는 '진리'는 무엇인가, 진리라는 말을 우리는 어떻게 쓰고 있는가를 다시 검토하고 분석해볼 필요가 있다. 이 말은 무엇을 의미하느냐 하면 지각과 인식, 즉 의식과 대상의 관계를 근본적으로 재해석해볼 필요가 있음을 의미한다. 우리는 앞의 문제, 즉 지각과 인식의 문제는 의식이라는 현상과 사물이라는 현상의 인과적 관계에서 설명되는 것이 아니라, 의미를 갖는 언어와 그것이 서술하는 사물과의 관계임을 다시 상기할 필요가 있다. 언어를 떠나서는 지각이나 인식을 생각할 수 없다는 점에 착안할 때, 우리는 이른바 진리에 대한 언어적 이론Linguistic Theory Truth 혹은 의미론적 진리론Semantic Theory of Truth을 생각하게 된다.

5 . 의 미 론 적   해 석

지금까지 언어를 이야기할 때 낱말 혹은 문장을 개별적으로 다루었다. 그래서 가령 '강아지' 혹은 "하늘은 푸르다"라는 말이 단독적으로 의미를 가질 수 있고, 그 의미는 각기 실재하는 강아지, 실제로 푸른 하늘이라는 것이 거의 당연한 것처럼 보였다. 그러나 거듭 말한 것처럼 언어의 의미는 그 언어가 지시하는 대상물과 독립해 있을 뿐만 아니라, 실상 모든 개별적인 낱말의 의미, 문장의 의미는 오로지 한 언어, 예를 들어 한국어나 프랑스어와 같은 전체적인 언어체계 속에서만 기능을 가질 수 있다.

이처럼 언어는 원자처럼 분석해서는 이해될 수 없고 하나의 유기적인 조직으로써만 이해될 수 있음은 현대언어학의 시조격인 소쉬르에서 확실해졌다. 그는 공시성共時性이 언어기능의 근본적인 조건임을 발견했다. 다시 말해서 개개의 낱말이나 문장은 그 언어가 가지고 있는 체계 안에서만 의미를 갖게 된다는 뜻이다. 언어의 이와 같은 성격은 형태심리학이 주장하는 바와 흡사한 점이 없지 않다. 왜냐하면 형태심리학에서는, 부분은 우선 전부가 지각된 후에야 지각된다고 주장하기 때문이다. 그리고 칸트의 인식의 핵심이 되는 이른바 선험적 범주에 의한 도식 Schemata의 개념과도 통하는 바가 있다. 왜냐하면 칸트는 우선 경험 이전의 어떤 도식을 거침으로써만 자연의 현상은 비로소 인간에게 경험될 수 있다고 주장했으니까 말이다.

이런 주장은 최근 후기논리실증주의자들인 쿤·파이어아벤트 혹은 핸슨 같은 사람들의 대체로 비슷한 과학관과도 통한다. 그들은 하나의 의미체계로서의 이론을 통해서만 구체적인 각 경험이 비로소 해석되고 설명될 수 있다고 주장하기 때문이다. 간단히 말해서 모든 인식은 소박한 경험주의자들이 주장하는 것처럼 어떤 대상의 단편적이고 수동적인 수용이 아니라, 전체적이며 능동적인 구성이다. 마찬가지로 우리의 의식을 밝혀주고 그것을 통해서 사물을 비로소 인식할 수 있는 언어도 단편적인 집합이 아니라 하나의 종합적인 유기적 체계로 보아야 한다.

그렇다면 언어의 체계, 더 정확히 말해서 의미 혹은 개념의 체계가 어떠한 것인가에 따라서 그 체계를 조직하는 여러 가지 개별적인 낱말이나 문장도 그 의미를 달리 할 것이다. 그리고 이 언어, 즉 의미체계가 어떠한 것인가에 따라 그것을 통해서 의식되는 경험의 대상도 달리 조직되게 마련이다. 예를 들자면 사물과 그것을 서술하는 언어의 관계는 다식반죽과 다식판의 관계로 비유된다. 다식판이 달라짐에 따라서 다식은 A로도 나타나고 B로도 나타난다. 이러한 관계는 칸트의 선험적 범주와 경험현상과의 관계와도 비유된다. 이런 것을 인정할 때 대상에 대한 우리의 인식이 맞는가 틀리는가 하는 것은, 언어와 사실 간의 논리적으로 불가능한 비교를 해서만 결정되지 않음을 깨닫게 된다. 왜냐하면 우리가 경험하는 사물은 항상 변함이 없고, 오직 다른 것은 경험하는 사람에 따라 경험이 달리 조직되고 해석되었을 뿐이기 때문이다.

그러나 만약 각 개인이나 혹은 한 문화단체가 조직이 다른 언어를 각기 쓰고 있다고 가정하면 한 개인과 또 한 개인의 인식 차이, 한 문화단체와 또 다른 문화단체의 인식 차이는 반드시 있게 될 것이고, 같은 사물이 A로도 보이고 B로도 보인다는 결론이 생길 것이다. 그렇다면 이런 경우 어떤 관점이 옳은가를 결정할 도리가 없게 되고, 따라서 모든 인식은 극히 상대적이며 주관적이기까지 하다고 말할 수 있다. 이런 사실은 마침내 우리를 이른바 회의주의로 몰아넣고야 만다. 어떤 대상에 대해서 어떠한 인식도 불가능하다는 말이 된다.

그러나 이와 같은 우려는 첫째로 진리, 즉 옳은 인식knowledge의 참된 뜻을 이해하지 못한 탓이요, 둘째 언어의 본질을 잘 보지 못한 데서 생기는 쓸데 없는 걱정에 불과하다.

어떤 사물을 인식한다는 것, 즉 어떤 사물을 안다는 것은 그 사물이 있는 그대로를 인식한다는 것으로 생각하는 것은 일반적인 상식이 되어 있다. 그러나 조금만 더 생각을 밀고갈 때 의심되지 않는 이러한 상식에 커다란 의심이 가게 된다. 앞에서 누차 강조했듯이 그 의식 속에 사물이 들어온다는 것은 도대체 말이 되지 않는다. 왜냐하면 의식은 어떠한 물건도 포용할 수 없는 비물질적인 현상을 지시하고 있기 때문이다.

　백보를 양보해서 설사 그러한 것이 가능하다 하더라도 그 사물이 있는 그대로 들어온다는 생각은 수긍할 수 없다. 왜냐하면 똑같은 사물일지라도 인간에게 의식될 때와 강아지와 벌레에게 의식될 때는 전혀 다르다는 것은 짐작하고도 남음이 있다. 인간, 아니 한 특정한 인간이라도 그 사람의 생리적 혹은 심리적인 상태나 그가 처해 있는 공간적 위치에 따라, 똑같은 사물도 달리 의식된다는 구체적인 많은 예들을 부정할 수 없기 때문이다. 어떤 대상에 관한 앎은 현상학의 말을 빌자면 필연적으로 어떤 특정한 관점perspective을 떠날 수 없게 마련이다. 비록 어느 점까지는 각 개인의 특정한 관점을 초월할 수 있다 하더라도, 인간인 우리는 인간적 관점을 초월할 수 없는 운명을 갖고 있음을 누구나 깨달을 수 있다.

　한편 언어도 그가 서술하는 사물대상을 있는 그대로 기록하는 것은 아니다. 도대체 언어라는 상징기호가 어떻게 사물을 그대로 기록할 것인가? 그러므로 사물에 대한 하나의 진술언어가 그 사물과의 관계에서 옳다(眞)는 것은, 그 언어가 사물을 있는 그대로 기록한다는 말이 아니다. 언어는 지도와도 비유된다. 지도가 그것이 상징하는 대상과 다름은 말할 나위도 없고 그것들이 서로 다르다는 것은 지도가 성립할 수 있는 필요조건이다. 만약 서울의 지도가 서울시와 똑같다면 우린 이미 서울 지도를 갖고 있지 않다. 한 지도가 다른 지도보다 좋다 나쁘다 하는 것은 그 지도가 지리를 구체적으로 다루는 데 얼마만큼 편리하냐에 따라서 결정된다. 그리고 얼마만큼 편리한가 않은가도 우리가 일정한 시기에 무엇을 원하느냐에 달렸다. 가령 작전참모들이 필요로 하는 지도는 여행자들이 필요로 하는 지도와는 달라야 할 것이다.

이와 마찬가지로 어떤 인식체계를 구성하는 언어조직이 옳다고 인정되는 것, 즉 사물을 있는 그대로를 서술한다는 말은 다름아니라 사물에 대한 그와 같은 체계적 관점이 인간생활에서 가장 편리하다는 것을 함축한다. 니체의 말을 빌면 우리가 사물에 대해 하는 서술도 사물에 대한 여러 가지 해석 가운데 하나의 해석에 불과하다.

그렇다면 우리는 인식의 상대성, 나아가서는 주관성을 인정해야 하며, 따라서 마침내는 회의주의에 다시 빠지는 것이 아닌가? 다시 말해서 '진리'라는 개념이 내용이 없다는 결과가 되지 않는가? 또 다시 말하자면 우리는 수없이 많은 서로 다른 언어체계사물에 대한 지도를 만들 수 있지 않은가? 여기서 우리는 칸트의 철학을 생각하게 된다. 칸트는 인식의 객관성을 유지하는 유일한 해결책으로 이른바 선험적 범주가 인간에게 보편적으로 똑같이 주어졌다고 주장했다. 그에 의하면 모든 인간의 지성은 누구나 선천적으로 타고난 똑같은 형식Form을 갖고 있어서 하나의 사물은 그러한 형식을 거쳐서 지각되기 때문에 지각의 보편성이 보장되고 따라서 인식의 객관성이 가능하다는 것이다.

정신구조에 대한 비슷한 결론이 인류학자 레비스트로스나 언어학자 촘스키에 의해서 최근 주장되고 있다. 이들에 의하면 인간은 아무리 원시적인 주민이건 혹은 아무리 문명화된 사회인이건 황인이건 백인이건 상관없이 다 똑같은 사고의 구조를 선천적으로 타고났다고 주장한다. 그래서 레비스트로스는 원시인과 문화인의 근본적인 사고력의 차이를 부정하고, 촘스키는 다른 언어들이 수없이 있음에도 불구하고 모든 언어는 근본적으로 완전히 공통적이며 보편적인 법칙에 의해 조직되어 있다고 주장한다.

이와 같은 보편성이 있게 된 것에 대해서는 어떤 신성한 우주적 계획에 의해서 처음부터 밖에서 주어졌다기보다는 생물학 혹은 생리학적인 설명이 가능할 것이다. 인간이 하나의 종種으로서 진화해오는 동안 현재와 같은 의식구조가 나타난 것으로 추측된다. 따라서 현재의 인간의 의식구조는 우주적 관점에서 볼 때 영원한 것이 아니라 일정한 기간에만 유지되고 몇억 년 후에는 인간의 생리적 혹은 생물학적 변화에 따라 그 의식구조 자체도 변할 가능성이 충분히 있다.

그런 경우에 인간은 똑같은 조건하에서도 어떤 사물을 대할 때 현재 우리가 지각하는 모양과는 완전히 다른 모양으로 지각할 것이라는 결론이 생기게 된다. 그러나 인간의 생물학적인 변화는 하루 이틀에 이루어지는 것이 아니다. 원숭이로부터 인간에로의 진화는 몇천 억 년 이상이 걸렸다는 것을 인정한다면, 천 년 전, 아니 몇십만 년 전의 인간은 생물학적으로 볼 때 오늘의 인간과 전혀 다름이 없다고 말할 수 있다. 그러므로 비단 칸트적인 의미에서 영원한 것이 못 될 망정 레비스트로스나 촘스키적 의미에서 인간의 의식구조는 영원하고 보편적인 것이라고 말해도 모순이 없을 것이다.

일단 위와 같은 논리의 타당성을 수긍하고 들어갈 때, 정상적인 사람이라면 어떤 사물을 의식할 때 근본적으로 모두 다 같은 관점에서 같은 형태로 인식하고, 또한 다 같은 사고의 법칙을 갖게 될 것임을 이해하게 된다. 이와 같이 생각할 때 '진리'란 개념도 비로소 이해될 것이다. 진리란 다름아니라 정상적인 사람들, 즉 인류공동체가 공유하고 있는 사고를 바탕으로 조직된 의미체계를 올바르게 이해하고 사용하면서 그러한 체계에 의해서 어떤 사물이 해석된 경우를 가리키는 낱말일 뿐이다. 바꿔 말해서 인류가 공유하고 있는 의미의 규율, 즉 언어를 올바른 규칙에 따라 지각된 사물에 적용했을 때를 의미하는 것이다.

이러한 경우 비로소 우리는 사물을 인식했다고 말하게 된다. 진리와 인식이 이와 같이 해석이 될 때 우리는 앞서 검토해본 여러 가지 지각에 대한 이론이 내포하는 난점을 극복하고, 철학에 마치 악몽처럼 항상 문제가 되어 있는 인식이론에서의 회의주의를 지양할 수 있게 된다. 왜냐하면 지금까지의 난점은 언어와 사물 자체를 어떻게 구별하고 비교하느냐에 있었는데, 우리의 새로운 해석에 의하면 언어체계와 비교될 수 없는 사물 자체는 필요가 없는 것으로 나타났기 때문이다. 언어서술은 사물 자체를 사진처럼 찍어내는 데 목적이 있는 것이 아니라, 그 사물에 대한 올바른 해석을 하느냐 않느냐, 즉 언어를 일정한 규율에 어긋나지 않게 적용했는가 어떤가 하는 문제로 귀착되기 때문이다.

인식이나 진리라는 개념은 사물이란 개념을 필요로 하지만, 사물 자체 혹은 사물의 본질과 같은 개념을 필요로 하지 않는다. 뒤집어 말해서 우리가 흔히 경험하는 바와 같은 환각·착각은 우리가 사물 자체를 보지 못했음을 가리키는 것이 아니라 언어의 규율을 잘못 적용하는 경우를 말함에 불과하다.

그러나 여기서 또 한 가지 마지막으로 검토할 문제가 남아 있다. 우리는 한 사회공동체 내의 어떤 개인도 그 안의 언어규칙을 잘못 사용하지 않는다는 가정을 세울 수 있긴 하지만, 그와 동시에 그 사회공동체 전체가 사물의 현상을 잘못 인식하는 경우의 예를 얼마든지 들 수 있다. 원시시대에는 귀신이 있다고 믿었고 여러 자연현상이 이런 존재에 의해서 설명되었으며, 중세까지만 해도 지구를 중심으로 태양이 돈다고 믿었었다. 뉴턴의 역학은 아인슈타인의 역학과 다른 자연현상에 대한 설명을 하고 있다.

이와 같은 것은 어떻게 설명될 수 있는가? 이런 인류 전체의 인식의 변화는 우리가 달라졌다거나 혹은 사물이 달라졌다는 것으로 설명될 수 있는 것이 아니다. 그것은 우리의 사고, 즉 추리가 비논리적이고 충분치 않았었다는 사실과, 우리의 사물과의 접촉, 즉 오관에 의한 지각의 범위가 넓어졌다는 것을 의미할 뿐이다. 한 인간으로서 모든 사람은 대체적으로 비슷한 생리적 조건을 구비하고 있고, 따라서 모든 사람은 똑같은 정상적인 조건하에서는 어떤 사물의 자극에 대해 똑같은 반응을 할 것임은 생리학적으로 거의 완전히 설명될 수 있다. 그 말은 모든 사람들이 한 사물을 거의 똑같이 지각하게 된다는 말이다.

지각의 이러한 보편성이야말로 인식의 객관성, 즉 인식의 진위를 가릴 수 있는 아주 근본적인 토대가 되는 것이다. 진리, 즉 올바른 인식은 인류가 소유하는 공동적인 의미체계, 즉 언어를 그 언어의 규칙에 따라, 모든 사람들이 다 같이 반응하고 지각하게 되는 사물에 적용했을 때의 상태를 말함에 불과하다.

위와 같이 인식에 대한 설명이 납득되지 않는 극단적 회의주의자는 다음과 같은 장자식 질문을 던질 것이다.

위의 이론은 적어도 무엇인지는 모르지만 어떤 사물이 존재한다는 것과 또 그러한 사물에 대해서 우리가 지각하고 생각하며 이야기한다는 사실을 전제하고 있는 것인데 그러한 전제 자체를 어떻게 받아들일 수 있느냐?

언뜻 보아 이와 같은 회의주의적 질문에는 근거가 있는 것같이 보이지만 그러한 질문은 자기모순을 띠는 무의미한 질문이며 성립될 수 없는 질문이다. 왜냐하면 어떤 사물이 존재한다는 것과 우리가 그 사물을 지각한다는 사실은 어떠한 경험으로도 증명할 수 없는 형이상학적인 믿음이긴 하지만, 그러나 그러한 믿음은 모든 종류의 문제, 모든 의심, 그리고 회의주의 자체가 논리적으로 이미 전제하고 있는 믿음이기 때문이다.

위와 같은 원초적 믿음이 있음으로써만 우리는 어떤 회의도 할 수 있게 된다. 회의주의는 오로지 위에서 말한 두 개의 형이상학적 믿음에 의해서 생기게 되는 사물과 지각과의 관계, 즉 사물에 대한 경험에 관해서만 제기될 수 있다.

나는 지금까지 객관적으로 올바른 사물에 대한 인식, 즉 진리라는 개념을 설명하고 그럼으로써 회의주의를 거부하기 위해서 생물로서의 인간의 한정된 보편성과 더불어 언어의 보편성을 인정했다. 그러나 적어도 언어의 보편성을 인정하는 나의 주장에 대해서 의문할 수 있는 반증을 대뜸 지적할 수 있으리라고 믿는다. 사실 인류가 사용하는 언어의 수는 헤아릴 수 없을만큼 다양하다는 것은 이제 누구나 아는 사실이다. 인디언의 언어는 영어와 다르고 에스키모의 언어는 프랑스어와 다르다. 한국어를 알아도 배우지 않는 한 중국어를 전혀 이해할 수 없다. 다양한 언어 간의 거리는 비단 발음·낱말이나 철자뿐만 아니라 문법구조상에서도 판이하게 다른 경우가 얼마든지 있다.

만약 언어와 사고, 따라서 지각이 깊은 관계가 있다는 것을 인정한다면, 에스키모는 프랑스인과 다르게 지각하고 사고하며, 한국인은 중국인과 다르게 느끼고 본다는 결론을 내려야 할 것이다. 실상 큰 물의를 일으키고 현재까지도 시비의 대상이 되고 있는 벤자민 워프B. Whorf 등은 바로 이러한 사실에 주목했다. 그의 주장에 의하면 실제로 한 언어의 구조는 그 언어를 사용하는 사람의 사고 방식·지각, 그리고 사물에 대한 관점을 결정한다는 것이다. 이와 같은 이론은 언뜻 보아 수긍이 된다. 그러나 좀더 생각해볼 때 똑같은 언어를 사용하는 사람들도 어떤 사물에 대해서 서로 다른 반응을 일으키는 수가 얼마든지 있고, 같은 사람도 똑같은 사물에 대해서 경우에 따라 서로 다른 반응을 일으킨다는 것을 우리는 알고 있다. 그러나 한 사물에 대해서 다른 반응을 한다고 해서 그 사물을 달리 인식한다는 말이 아니라면, 똑같은 사물에 대한 중국인의 태도가 한국인의 태도와 다르다고 해서 중국인과 한국인이 그 사물을 서로 다른 것으로 지각하고 있다고는 말할 수 없는 것이다. 한국인이 중국어를 완벽하게 배울 수 있고 에스키모의 언어를 영어로 번역할 수 있다는 사실은 표면상의 차이에도 불구하고 언어의 근본적인 구조는 상대적이 아니며 따라서 인간의 지각이나 사고도 상대적이 아니라 보편적임을 증명한다고 봐야 한다.

이런 의미에서 만약 촘스키의 이론이 옳다면 그 이론은 언어의 반反상대성을 증명해주는 좋은 자료가 될 것이요, 따라서 인간지각의 보편성을 보증하는 좋은 증거가 된다. 레비스트로스가 인류학적 연구를 통해 발견했다고 믿어지는 인간 의식구조의 보편성도 또 하나의 좋은 반상대주의, 따라서 인식에 대한 회의주의를 분쇄하는 좋은 증거가 된다.

이와 같이 따지고 볼 때 각 언어에서 나타나는 사물에 대한 여러 다른 반응은 인식적 차원에서 벗어나서 감성적 차원에서의 차이를 나타낼 뿐이다. 바꿔 말해서 에스키모와 프랑스인, 한국인과 중국인과의 차이는 그들이 서로 같은 사물을 달리 지각하는 것이 아니라, 같은 사물에 대한 개인의 다른 반응을 나타낸다는 것을 뜻할 뿐이다. 그렇다면 여기서 우리는 인간의 의식이 사물과의 관계에서 두 가지 서로 다른 관계를 갖고 있음을 발견하게 된다. 그 하나는 지금까지 보아온 바와 같은 지적 관계요, 또 하나는 이제 살펴봐야 할 감성적 관계이다. 전자를 인식적 관계라고 하고 후자를 예술적 · 정서적 관계라고 할 수 있다. 후자의 관계는 다른 말로 서술이란 개념과 대조해서 표현이란 개념으로 나타낼 수 있다.

4장
표현이란 무엇인가

1. 예술은 나름대로의 언어이다

예술이란 말은 예술작품을 의미하기도 하고 예술적, 즉 미학적 경험을 지시하기도 하고 창작활동을 지적하기도 한다. 그러나 여기서 나는 다만 작품으로서의 예술을 생각해보려고 한다.

예술작품은 그것이 사용하는 미디엄의 성질에 따라서 문자예술과 비문자예술로 크게 나누어 볼 수 있다. 문자예술은 두말 할 나위 없이 모든 양식의 문학을 가리키는 것이고, 비문자예술은 회화·음악·무용·조각 등을 예로 들 수 있다. 그리고 연극·영화·오페라와 같은 예술을 종합예술이라 할 수 있다.

이러한 작품들을 다 같이 예술작품이라고 할 때, 우리는 그 작품들을 '무엇'으로 이해해야 하는가? 하나의 괴상한 사물로서 혹은 사건만으로 다룰 수 없음은 직감적으로 누구나 알고 있고 뿐만 아니라 그러한 작품들을 예술작품으로 대하는 순간부터 우리는 이미 그것들을 물질 혹은 사건으로서 대하지 않고 무엇인가를 의미하는 상징 혹은 기호로서 대하게 된다. 이러한 논리는 우리로 하여금 모든 예술작품을 일종의 언어로 취급해주길 강요한다.

모든 양식의 문자예술이 언어로 쓰인다는 것이 필수조건인 이상 이 예술이 무엇인가를 의미하고 있음은 자명하다. 그러나 회화나 음악·무용과 같은 양식이 어떤 각도에서 언어로 취급될 수 있는가? 물론 이런 양식의 미디엄이 보통 의미로서의 언어가 아님은 두말 할 나위도 없다. 그러면서 또 한편 예술작품은 그것이 어떤 것을 미디엄으로 썼든 간에 무엇인가를 '의미'하고 있음을 우리는 알고 있다. 왜냐하면 예술가가 작품을 만들 때의 입장을 보더라도 그렇다. 그는 우연히 그가 만든 작품을 내놓게 된 것이 아니고 그런 작품을 통해서 무엇인가를 '말하려고' 하며, 무엇인가를 '표현하려고' 의도한다. 물론 여기서 예술가 자신이 자기가 말하고자 하는 것이 무엇인가를 확실히 의식하고 있다는 말은 아니다. 어쨌든 한 작품이 무엇인가를 말하고 표현하는 기능을 갖는 이상 그 작품은 하나의 상징 또는 기호, 즉 넓은 의미로서의 언어가 된다.

이제 문제는 예술에 있어 언어, 더 정확히 말해서 예술작품을 일종의 언어로 볼 때, 그 언어는 어떻게 다른 종류의 언어와 다른 형태로 사용되고 다른 기능을 하고 다른 의미를 갖게 되는가를 검토하는 데 있다.

2. 표현으로서의 예술

논리실증주의자들은 모든 언어의 의미를 인식적 의미cognitive meaning와 정서적 의미emotive meaning로 갈라놓는다. 가령 다음과 같은 문장을 비교 · 생각해보자.

ⓐ 그 강아지는 발이 셋이다.

ⓑ 그 강아지는 귀엽다.

ⓒ 그 여자는 착하다

ⓓ 모든 현상은 태극에서 기원된다.

문장 ⓐ는 어떤 객관적 사실을 있는 그대로 기록한 서술이 되고 문장 ⓑ는 문법구조상으로 보아 ⓐ와 다름 없어서 언뜻 보기에는 강아지의 어떤 모양을 서술하는 것같이 보이지만 실상 강아지에 대한 개인의 감정을 나타내는 것이다. 문장 ⓒ과 ⓓ도 ⓑ와 마찬가지 설명이 된다. 우리는 문장 ⓐ를 놓고 옳거니 그르거니 따지고 결정을 내릴 수 있다. 언뜻 보아서 문장 ⓑ, ⓒ, ⓓ도 그렇게 될 수 있을 듯하다. 실상 많은 일반 사람들은 물론 고명한 철학자들도 그와 같이 믿고서 오래도록 철학적인 논쟁을 해왔다. 그러나 좀더 생각해보면 문장 ⓑ, ⓒ, ⓓ는 그 진위를 절대로 객관적으로 결정할 수 없음을 안다.

왜냐하면 논리실증주의자들이 명백히 지적해보였듯이 어떤 문장의 진술의 진위는 오로지 두 가지로써만 결정할 수 있는 것인데, 그 하나의 방법은 구체적인 경험을 통해서 한 진술의 경험과 맞나 안 맞나를 조사함으로써 결정하는 것이고, 또 하나의 방법은 한 문장의 진술의 의미를 분석함으로써 결정하는 것이다. "그 강아지는 발이 셋이다"라는 진술은 구체적인 그 강아지의 다리를 세어본 뒤에야 진위를 알 수 있고, "모든 총각은 결혼 안 한 남자다"라는 진술은 구체적으로 모든 총각이 결혼했나 안 했나를 조사할 필요 없이 그냥 그 진술언어의 의미를 분석해보면 모순인지 아닌지가 나타난다. 전자와 같은 진술을 종합적 진술, 후자와 같은 진술을 분석적 진술이라고 부른다.

그런데 앞의 예에서 문장 ⓑ, ⓒ, ⓓ는 전자에도 속하지 않고 후자에도 속하지 않는다. 따라서 그 진술들의 진위를 원칙적으로 결정할 수 없게 마련이다. 만약 진위를 원칙적으로 결정할 수 없는 진술을 아무리 멋있고 길게 늘어놓아도 그러한 진술이 인식적으로, 즉 어떤 사물에 대해서 새로운 지식을 얻는 데 아무 도움이 되지 못함은 뻔하다.

앞의 예에서 문장 ⓑ는 예술적 가치에 대한 진술이요, 문장 ⓒ은 윤리적 가치에 대한 진술이며, 문장 ⓓ는 형이상학적, 즉 구체적으로 경험될 수 없는 어떤 존재에 대한 진술이다. 따라서 논리실증주의자들이 세운 언어의 인식적 의미를 결정하는 뚜렷한 규칙은, 예술적·윤리적 그리고 형이상학적 언어를 인식의 분야로부터 제외하고 오직 과학적 언어만이 인식과 관련된다고 주장했다. 그리고 비과학적 언어의 의미를 감정적 의미라고 이름붙였다.

이러한 언어의 의미는 극단적으로 망라해서 "아이구 엄마야!"라는 고함소리와 전혀 차이가 없으며, 그런 언어는 아무런 지시대상물을 가진 게 아니라 그저 발언자의 감정을 밖으로 나타내는 역할을 할 뿐이라는 것이다. 그렇다면 객관적 사물을 기록하려는 과학에서 언어만이 참다운 의미에서의 서술언어가 될 것이요, 그 밖의 언어, 즉 예문 ⓑ, ⓒ, ⓓ에 사용된 언어를 표현언어라고 부를 수 있다.

그렇다면 예술은 어떤 종류에 속하는가? 더 정확히 말해서 예술작품은 어떤 종류의 언어에 속하는 것인가? 만약에 회화 가운데서 사생화寫生畵

를 예로 들 때 이 예술양식은 어떤 대상을 있는 그대로 서술해주는 것같
이 보인다. 따라서 하나의 사생화는 서술언어처럼 보인다. 그러나 사생화
가 회화의 전부가 아니다. 특히 인상파나 현대추상화는 어떤 대상을 반드
시 묘사한다고 볼 수 없을 뿐만 아니라, 백보를 양보해서 그 그림들이 어
떤 대상을 어떠한 양식인가로 서술한다 해도 어떤 대상을 있는 그대로 묘
사하지는 않는다. 우리는 어떤 의미에서 예를 들어 피카소의 〈게르니카〉
가 어떤 대상을 그렸다고 할 수 있는가 극히 의심스럽다.

　언어로서의 예술작품이 서술적 언어가 아니라는 사실은 음악이나 무
용예술에서 더욱 확실한 것 같다. 베토벤의 《운명》이 과연 무엇을 서술
했다고 볼 수 있는가? 설사 그 이름대로 인간의 운명을 서술했다고 할는
지 모른다. 그러나 이러한 대답은 너무나 막연하다. 어떤 운명을 서술했
으며, 도대체 운명이란 객관적 대상을 생각할 수 있는가? 현대의 전위음
악, 예를 들어 존 케이지나 백남준에 의해서 알려진 팝 음악은 음악의 목
적이 어떤 사물이나 사실을 서술하지 않을 뿐 아니라 그럴 수도 없다는
사실을 증명해주는 좋은 예가 된다. 이러한 주장은 그 밖의 모든 비문자
예술에도 해당된다. 요약해 말해서 모든 예술작품을 언어로 생각하고,
모든 언어를 서술언어와 표현언어로 구별할 때 예술언어가 서술언어로
될 수 없고 따라서 표현언어일 수밖에 없다.

　그러나 문자예술작품, 즉 모든 양식의 문학작품에 대해서는 좀더 고려
해볼 필요가 있다. 왜냐하면 많은 문학작품, 특히 소설 속에는 여러 가지
서술이 나타난다. 작가는 어떤 강아지를 묘사하고, 어떤 여인의 웃는 모
습을 자세히 묘사한다. 이와 같은 작품 속의 묘사는 문학 외에서의 묘사,
즉 어떤 대상에 대한 서술과 전혀 다를 바가 없다. 그러므로 우리는 예술

작품 속에 사용된 모든 언어를 서술언어라고 부를 순 없다손치더라도, 적어도 어떤 부분의 언어는 서술언어라고 불러야 할 것 같다.

그러나 이러한 결론은 우리의 문제를 확실히 잡지 못한 데서 나온 것이다. 우리는 문학작품에 사용된 언어는 그 자체로서는 문학작품이 아니라 문학작품의 구성요소로만 보아야 된다. 문학작품 속의 언어와 문학작품과의 관계는 발음이나 철자나 잉크와 그것들로 구성된 문자의 관계와 마찬가지다. 따라서 문학작품이 어떠한 종류의 언어에 속하는가를 따져갈 때 우리가 알려고 하는 것은, 서술언어도 포함해서 하나의 구조요소로 갖고 있는 문학작품을 하나의 언어로 보고 그 언어가 서술언어냐 표현언어냐를 따지자는 것이다.

예를 들어 톨스토이의 『전쟁과 평화』를 분해할 수 없는 하나의 진술언어로 볼 때, 그 언어가 과연 어떤 객관적인 사물이나 사건을 서술한다고 볼 수 있는가 아닌가를 따져보는 데 문제가 있다. 이 소설은 비록 어떤 사물을 묘사하진 않더라도 나폴레옹과의 전쟁이라는 사건을, 혹은 아름다운 사랑이라는 사건을 서술한 것이라고 주장될 수 있다. 그러나 이와 같은 주장은 어느 정도 수긍이 갈 것도 같지만, 좀더 생각해볼 때 난처한 문제를 내포하고 있다. 왜냐하면 이 소설은 물론 모든 문학작품은 어떤 사건이나 사실을 묘사할 때도 그것들은 반드시 하나의 상상적인 것으로, 허구적인 것으로 제시될 운명을 갖고 있기 때문이다. 만약 문학작품이 보여주는 내용을 하나의 실제로 일어난 사건이나 사실로서 대할 때 우리는 이미 그 작품을 문학작품, 즉 예술로서 취급하기를 끝마치고 예술이 아닌 현실로 받아들이게 마련이다.

문학의 서술이 허구적인 것임을 인정할 때, 우리는 그 문학작품이라는 언어를 엄격한 의미에서 서술언어라고 부를 수 없다. 왜냐하면 서술언어는 그 언어가 서술하는 대상이 실제로 존재한다는 전제하에서만 가능하기 때문이다. 실재하지 않는 대상을 서술한다는 말은 결국 자기 모순에 불과하다.

이렇게 따져볼 때 문학을 포함한 모든 예술작품은 사물이나 사건에 대한 정보를 전달해주는 서술, 즉 인식언어가 아니라 언어사용자의 감정이나 태도를 나타내는 표현, 즉 비인지적 언어라는 사실을 알게 된다.

예술작품이 표현언어라면 어떤 의미에서 표현언어인가, 무엇을 표현하는 것인가 하는 문제를 살펴봐야 할 것이다. 그러나 그에 앞서 우리는, '표현'이라는 개념을 좀더 명백히 해둘 필요가 있다. "언어는 생각을 표현한다" 혹은 "그 사람은 표현력이 있다" 등과 같이 이야기할 때 '표현'은 상징·대치 등의 의미로서 결국 서술언어를 가리킨다. 한편, '감정의 표현' 혹은 '표현에 성공한 작품' 등을 말할 때의 '표현'이라는 개념은 어떤 대상을 서술한다는 뜻이 아니라 개성력을 말한다. 그러나 여기서는 오직 후자의 의미로만 사용하기로 한다. 객관성을 갖는 '서술'과 대립되는 개념으로서의 '표현'이라는 개념은 부득이 주관적이 될 수밖에 없다.

일반적으로 우리는 언어로서의 예술작품을 표현언어라고만 분명하게 생각하지 않고 애매한 태도를 취하는 경우가 대부분이지만, 예술작품을 대할 때 그 작품이 옳다 그르다라고 판단하려 들지 않는 한, 그리고 그 작품과 작가의 심리상태를 연결해보려는 은연중의 경향은 우리가 암암리에 예술작품을 서술언어라기보다 표현언어로 취급하고 있음을 입증하는 예가 될 것이다.

서술언어의 특징은 어떤 대상에 대한 앎을 보태주는 데 있지만, 표현언어의 특징은 어떤 대상에 대해서가 아니라 그 언어를 사용한 사람의 정신적 혹은 감정적 상태를 나타내보이는 데서 찾아볼 수 있다. 이렇게 볼 때 언어의 두 기능이 얼마나 다른가를 알게 되고, 언어의 이런 두 가지 기능을 확실히 구별하지 못할 때 예술을 잘못 이해하게 되리라는 것이 밝혀진다. 바꿔 말해서 예술작품을 하나의 표현언어로 보느냐 서술언어로 보느냐에 따라서 예술이 완전히 다르게 이해된다고 말할 수 있다.

예술작품을 표현언어로 보는 대표적인 예는 프로이트의 예술관일 것이다. 그는 예술작품을 이해하는 데 그것을 만드는 예술가의 입장에서만 이해하려고 한다. 한걸음 더 나아가 그는 예술작품이 예술가라는 인간의 정신적 혹은 심리적 상태의 나타남이라고 믿는다. 예술에 대한 이러한 해석은 너무나 유명한 그의 정신분석학 이론에 바탕을 두고 있다. 동서를 막론하고 인간의 가장 뚜렷한 특징은 다른 동물에서는 찾아볼 수 없는 이성을 소유하고 있는 것이라고 믿어왔다. 이성은 의식의 한 차원이긴 하지만 다른 의식과는 처음부터 혼돈될 수 없는 본질적으로 다른 기능으로 믿어져왔다.

그러나 프로이트는 이와 같은 의식의 독립적인 존재를 부정한다. 그는 의식을 하나의 덩어리로 보고 그 덩어리를 하층구조와 상층구조로 나누어서 본다. 이성이라든가 지성이라고 부르는 의식이 상층구조의 측면을, 그리고 그가 무의식subunsciousness이라고 부르는 측면이 의식이 하층구조를 차지한다. 후자를 심층의식이라고 불러도 좋겠고 그에 반해서 전자를 표층의식이라고 불러도 좋다. 프로이트에 의하면 표층의식, 즉 이성은 심층의식, 즉 감정에 의해서 지배되고 결정된다. 이 말은 이성은 감정의 표면 혹은 도구에 불과하다는 것을 의미한다. 여기서 내가 감정이라고 부른 의식은 더 엄격히 말해서 욕망desire이라고 부를 수 있다.

이처럼 프로이트는 인간의 표면에 나타난 모든 의식활동을 표면에 나타나지 않은 무의식 상태의 현상인 '욕망'에 의해서 완전히 총괄적이며 일관되게 설명된다고 주장한다. 좀더 구체적으로 그의 정신분석은 다음과 같은 도식적인 설명을 갖는다.

인간의 가장 밑바닥에 있는 욕망은 성욕인데 프로이트는 이것을 이드id라고 불렀다. 성욕이 근본적인 인간의 목적인 이상 그러한 욕망을 채우려는 것은 당연한 경향이다. 욕망을 채우려는 이런 경향을 프로이트는 '향락원칙pleasure principle'이라고 부른다. 그러나 인간은 그와 같은 욕망을 대뜸 만족시키려고 하다가는 그가 하나의 동물로서 생존할 수 없음을 깨닫는다. 그는 집을 짓고 음식을 구하고 입을 옷을 마련해야 한다. 다시 말하면 그는 자기가 하기 싫은 일을 해야 함을 안다. 따라서 그는 욕망을 당장 만족시킬 수 없이 훗날로 미뤄두어야 할 필요성을 느낀다. 프로이트는 이러한 필요성을 '현실원칙reality principle'이라고 불렀다.

현실원칙에 의해서 억제되긴 했지만 그것이 인간의 본질적 욕망인 이상, 성욕을 만족시키려는 욕망, 즉 향락원칙은 소멸되지 않고 은폐되게 마련이고 그러한 욕망은 직접적으로 밖으로 나타나진 못하지만 간접적으로 은근히 베일을 쓰고 표현된다.

예술작품은 이러한 이유로 해서 생긴 성욕의 간접적 표현이다. 간접적이란 말은, 현실원칙이 허락하는 한도 내에서, 한 사회가 인정하는 범위 내에서의 성욕의 표현을 의미한다. 모든 인간이 예술창작에의 거의 본능적인 충동과 예술작품에서 어떤 즐거움을 얻는 이유는, 무의식적이나마 창작활동을 통해서, 혹은 예술작품의 감상을 통해서 억압된 성의 욕망을 간접적으로 표현하고 또 만족을 얻게 된다는 것이다.

성욕으로 예술을 비롯한 모든 인간의 행동을 설명하려는 프로이트의 정신분석학은 그 속에 설명되지 않은 허다한 문제를 내포하고 있다. 따라서 정신분석학을 바탕으로 설명하려는 그의 예술 이론에도 똑같은 문제가 있다. 그러나 그것의 옳고 그름은 둘째로 하고 프로이트가 예술작품을 어떤 개인의 욕망의 표현이라고 본 점은 가장 분명하고 이 자리에서 가장 흥미로운 점이다.

그에 의하면 예술작품은, 어떤 개인, 그리고 때로는 인간 전체에 대한 어떤 사실이나 객관적인 사물, 사건을 그대로 보여주는 기호, 즉 서술이 아니라 개인 혹은 인간 전체가 욕망하는 바가 무엇인가를 보여주는 지표, 즉 인디케이터의 역할을 하는 언어라는 것이다.

사실 프로이트의 이러한 예술관은 문학과 예술비평에 엄청난 영향을 주었다. 비평가들은 작품의 참다운 의미를 알려면 예술작품을 프로이트식의 욕망의 무의식적 표현이라고 봐야 하며, 무의식적인 욕망을 분명히 의식할 수 있게 나타내는 작업이 비평의 기능이라고 믿고 있다. 그러나 문제는 예술을 정신분석학으로 완전히 설명할 수 있느냐 하는 데 있다.

첫째, 예술가가 작품을 통해서 실현하고자 하는 것이 과연 욕망에 있다면, 구태어 그러한 표현을 하려고 애쓰지 않고도 실제로 그와 같은 욕망을 만족시킬 조건에 있는 사람도 창작에 대한 의욕이 있다는 사실을 프로이트의 학설로는 충분히 설명할 수 없다.

둘째, 예술작품에 대한 평가가 어렵게 된다. 프로이트의 학설을 따르자면 어떻게 성욕이 잘 표현됐느냐에 따라 작품의 가치가 측정되어야 할 것이다. 그러나 실제로 그러한가는 극히 의심스럽다. 사실 가치를 결정하는 문제에 앞서서 한 작품의 내용이 성욕의 표현이냐 아니냐 하는 문제와, 그런 표현이 우수한가 않은가를 무엇으로 결정하는가 하는 문제가 있다. 그러나 이러한 문제를 결정하고 해결하기란 불가능한 것 같다.

마지막으로 우리는 예술작품을 만들려는 예술가나 예술작품을 감상하는 감상자들을 살펴볼 때, 언어로서의 예술작품은 예술가의 내적 생각이나 태도 혹은 욕망을 밖으로 나타내는 역할, 즉 표현언어로만 생각할 수는 없다. 만약 예술이라는 언어가 표현에 불과하다면 우리는 어떤 예술작품을 놓고 진리를 잘 보인다든가 대상을 잘 묘사했다든가 하는 말을 하지 못할 것이다.

예술이 역시 표현, 즉 주관적 감정이나 욕망의 노출에 불과하다면 언어로서의 예술작품은 어떠한 사물이나 사건과 아무런 관계를 가질 필요가 없을 것이다. 즉 예술작품은 어떠한 대상으로부터도 독립해서 존재하는 언어로서 이른바 논리실증주의자들이 말하는 정서적 의미emotive meaning만을 갖게 될 것이다.

그러나 과연 예술은 아무런 서술도 하지 않는가? 예술은 한 예술가 개인의 느낌을 표현할 뿐만 아니라 실상 더 많은 경우 무엇인가에 대해서, 그 자신과는 독립해서 객관적으로 존재하는 어떤 대상에 대해서 무엇인가 말하려고 한다고 보는 것이 더 진실에 가깝지 않을까? 만약 그렇다면 언어로서의 예술작품은 일종의 서술언어가 될 것이며, 그럼으로써 어떤 대상을 밝혀내려는 인식언어가 될 것이다. 그렇다면 문제는, 언어로서의 예술작품이 그가 말하려는 대상과 구체적으로 어떤 의미에서 어떻게 관계되어 있으며, 예술언어로써 서술될 수 있다고 생각되는 대상은 어떠한 성질의 것인가를 살펴보는 데 있다.

3. 예술언어와 그 대상

하나의 예술작품은 예술가의 순전한 감정, 즉 예술가 자신의 어떤 심리상황만을 밖으로 표출하는 데 그치지 않고, 어떤 대상과의 관계를 갖고 있다고 볼 수 있다. 왜냐하면 한 예술가의 감정이 표출되는 것도 어떤 대상과 관련해서만 가능하다고 생각되기 때문이다. 〈게르니카〉와《전원》은 각기 피카소와 베토벤의 내적 느낌이 울음소리나 딸꾹질처럼 그저 저절로 자연스럽게 표출된 것이 아니라 각기 그들에 의해서 생각되고 계산되고 구성된 지적 작업의 결과라는 사실을 잊을 수 없다. 설사 모든 예술작품이 논리실증주의자들이 말하는 언어로서 인식적 언어와 다르다 할지라도 그 언어는 단순한 고함소리나 웃음소리와는 다르다.

다시 예를 들어 "강아지는 발이 넷이다"라는 언어와 "강아지는 예쁘다"라는 언어가 언뜻 보기와는 달리 본질적으로 서로 다른 언어의 기능을 나타내고 있어서 "강아지는 예쁘다"라는 말이 "강아지는 발이 넷이다"라는 말과 똑같은 방식으로 강아지를 서술하지는 않지만 "강아지는 예쁘다"는 "아이구 엄마야!"와는 달리 적어도 강아지에 대해서 무엇인가를 말하고 있다. 언어로서의 예술작품이 "강아지는 예쁘다"라는 말과 같은 종류의 이른바 감정언어emotive langugae라고 한다면, 우리가 알아봐야 할 문제는 감정언어는 그것이 말하고자 하는 대상과 어떤 관계에 있는가 하는 것이다. 다시 앞에서의 예를 들어 "강아지는 예쁘다"고 말할 때, 그 언어는 강아지를 어떻게 서술하는가를 분명히 함으로써 예술언어와 그 대상과의 관계는 밝혀지게 될 것이다.

이미 앞에서 언급했지만 하나의 중요한 전통을 이루고 있는 예술관을 따르자면 예술언어, 즉 감정언어는 인식언어, 즉 서술언어가 기술할 수 없는 한 대상을 보다 잘 기술한다는 것이다. "강아지는 예쁘다"는 "강아지는 발이 넷이다"라는 말이 나타낼 수 없는 무엇인가 미묘하고 더 본질적인 사실을 기술한다는 말이다.

이와 같은 예술관을 대표하는 철학가로서 가까이 하이데거를 들 수 있다. 그는 과학적인 진리보다는 철학적 진리가 실재하는 존재를 더 충실히 나타내며, 철학적 진리보다는 시적 진리가 더 궁극적인 진리를 나타낸다고 주장하면서 유명한 시인 횔덜린을 예로 들었다.

어떤 사물, 나아가서는 '존재 일반'에 대한 과학적 서술이 사실을 왜곡해서 나타낸다는 말은 무슨 뜻이며, 시적 서술이 존재에 보다 충실하다는 말은 무슨 뜻인가? 가령 "강아지는 발이 넷이다" 혹은 "물은 'H$_2$O'로 구성되어 있다"라고 할 때 이러한 언어는 강아지와 물에 대한 서술임에 틀림없고 이 서술들은 사실과 맞아 진리라고 불리게 된다. 그리고 이러한 진리는 정상적 사람이면 누구나 객관적으로 증명할 수 있다. 그러나 "강아지는 발이 넷이다"라는 명제, 또는 'H$_2$O'라는 단어는 두말 할 나위 없이 실제 우리가 보고 만질 수 있는 구체적인 사물일 수 없다.

둘째로, 한 사물, 즉 강아지나 물은 보는 각도에 따라 색깔로 서술될 수 있고 중량으로 설명될 수 있고, 생긴 모양 등으로 표현될 수 있다. 다시 말하자면 하나의 사물은 거의 무한한 각도, 즉 관점에서 서술될 수 있다. 그러나 "강아지는 발이 넷이다"나 'H$_2$O'라는 서술은 강아지와 물에 대한 무한한 측면을 나타내주지 못한다. 역시 이런 점에서 인식언어는 사물에 충실하지 못하다는 불평이 이해된다.

셋째로, 설사 위의 두 문제가 없다치더라도 세상에는 헤아릴 수 없이 많은 강아지가 있고 더 헤아릴 수 없이 많은 물이 있다. 그러나 개개의 강아지와 개개의 물은 결코 완전히 똑같을 수 없다. 그런데 위 두 서술의 예는 강아지 일반, 물 일반을 서술하는 격이 된다. 따라서 그런 서술은 실상 어느 구체적인 강아지나 물의 묘사가 될 수 없다. 그런데 존재하는 모든 사물은 오로지 구체적으로만 존재한다. 따라서 위의 두 서술은 강아지나 물을 올바로 서술하지 않았다는 결론이 나올 수 있다.

마지막으로 불평이나 이유가 또 하나 남아 있다. 설사 위의 세 가지 문제가 다 같이 해결되었거나 처음부터 그런 문제가 없었다치더라도 한 사물은 보는 이에 따라, 또한 같은 사람인 경우에도 보는 상황에 따라 좋게도 나쁘게도 보이고 예쁘게도 밉게도 보인다. 이와 같이 보이는 대로의 사물의 모습은 "강아지는 발이 넷이다" 혹은 "물은 H_2O이다"라는 서술 속에는 나타나 있지 않다.

그렇기 때문에 보는 이의 느낌까지 나타낸다고 여겨지는 "강아지는 예쁘다" 혹은 "물은 아름답다"라는 감정언어, 즉 예술언어가 보다 사실 그대로의 대상을 서술한다고 말할 수 있겠다.

그러나 여기에는 납득하기 어려운 몇 가지 점이 내포되어 있다. 예술언어가 대상을 보다 진실하게 서술해준다고 주장하기 위해 앞에서 든 몇 가지 예들은 그러한 주장을 뒷받침할 좋은 이유가 될 수 없다. "강아지는 예쁘다"가 사실 강아지에 대해서 이야기하기는 하지만, 만약 그 언어가 강아지의 어떤 모습을 서술한다고 하면, 똑같은 강아지가 사람에 따라 보기 싫다고 할 수 있는 이상한 사물인 동시에 A도 되고 B도 되고 C도 될 수 있다는 결론이 나오기 때문이다.

그러나 이와 같은 결론을 절대로 받아들일 수 없음은 두말 할 나위가 없다. 불가능한 것을 가능하다고 쳐서 위와 같은 문제가 없다 하고, 내가 어떤 강아지에 대해서 "그것은 예쁘다"라고 말했을 때 강아지라는 대상에 대한 내 서술은 이미 논리실증주의자들이 지적했듯이 그 진위를 결코 가려낼 수 없다. 그런데 옳고 그름을 결정할 수 없는 어떤 서술을 앎에 관계되는 서술이라고는 말할 수 없다. 만약 이런 논리가 틀렸다면 "신은 키가 크다", "귀신이 내 영혼을 빼앗았다", "사랑은 푸르다"라는 언어도 각기 어떤 대상에 대한 사실을 그렸다고 볼 수 있고, 그럼으로써 우리는 어떤 사실에 대해서 새로운 것을 알게 되었다는 결론을 내려야 할 것이다. 그러나 우리는 신·귀신 그리고 사랑이 어떠한 사물인가를 알 길이 없다. 따라서 아무리 무엇을 이야기한들 무엇에 관한 이야기인지 알 수 없는 한 그러한 이야기는 인식언어로서 아무 의미도 갖지 않는다.

이렇게 볼 때, 예술언어는 어떤 대상을 서술할 뿐만 아니라 과학이나 철학에서의 언어보다도 더 깊고 참되게 서술한다는 하이데거의 생각은 서술의 참된 의미, 따라서 진리의 참된 의미와 특히 언어의 본질이 무엇인가에 대해서 근본적인 착각을 한 데서 기인한다고 믿어진다. 진리, 그리고 언어에 대해선 앞에서 길게 언급했으므로 여기서는 예술언어와 관계해서 요약해 다시 한번 보기로 한다.

한 서술이 진리라는 것은, 그 서술과 그것이 서술하는 대상이 일치한다는 말이 아니다. 그것은 다만 한 언어가 어떤 대상에 대해서 그 언어를 사용하는 공동체가 갖고 있는 약속을 어기지 않고 올바르게 사용했다는 말에 불과하다. 그리하여 서술이란 어떤 대상을 복사하는 데 그치지 않고 일종의 약속된 기호를 써서 그 대상의 의미체계를 세우는 작업이다.

가장 좋은 예는 지도이다. 한국의 한 지도가 올바르다는 것은 그 지도가 한국 그대로를 나타내서가 아니다. 만약 그 지도가 한국의 지리와 똑같다면 그것은 이미 지도일 수 없고 한국 국토 그 자체가 될 것이다. 지도 위의 점이 서울일 수 없고 지도 위의 선이 도로일 수 없는 것과 마찬가지로, "강아지는 발이 넷이다"라는 언어는 네 발 달린 강아지 자체일 수 없다. 역설적으로 말해서 언어가 그것이 서술하는 대상과 같지 않고 오히려 다를 때에만 그 대상에 충실한 서술일 수 있다. 언어는 그것의 대상과 거리가 있을 때, 다시 말해서 차이가 있을 때, 즉 그 대상과 틀릴 때에만 비로소 언어로서의 기능을 갖게 된다. 이와 같은 지리의 의미, 그리고 언어의 기능을 이해하지 못한 데에서 하이데거의 예술언어, 특히 시에 대한 동경이 생긴 것이고, 또 똑같은 이유로 베르그송은 언어의 허구성을 비판했던 것이다.

또 한편 구체적인 예술작품 가운데서도 특히 비문자예술작품, 예를 들어 하나의 현대무용, 하나의 현대음악이 도대체 어떤 대상을 갖고 있는지는 극히 의심스럽다. 차라리 예술언어는 그가 나타내고자 하는 객관적인 어떤 사물을 대상으로서 갖고 있지 않다는 것이 현대의 여러 양식의 예술을 통해서 더욱 확실해지고 있다고 봐야 한다.

우리는 언어로서의 예술작품이 단순한 주관적 감정의 표현만일 수는 없다는 것을 이미 보았고, 이제 그와 반대로 어떤 대상을 서술해주는 인식언어가 될 수 없음을 보았다. 그러나 예술은 역시 무엇인진 모르지만 어떤 것에 대해서 이야기하고 있다. 그렇다면 '대상 아닌 대상'이라 할 그 무엇은 어떤 종류의 것일까?

116

4 . 체 험 과 예 술

앞에서의 고찰을 통해서 우리는 논리실증주의자들이 생각했던 바와 달리 예술을 고함소리와 같은 것으로는 볼 수 없으며, 하이데거적인 생각과 달리 어떤 대상의 서술로도 볼 수 없음을 알게 되었다. 이와 같은 결론은 우리들을 딜레마에 빠뜨리고 만다.

문제의 해결은 언어와 대상의 관계를 좀더 새로운 차원에서 고찰함으로써 가능할 수 있을지 모른다.

이 새로운 차원에서 본 언어와 대상의 관계는 1차적 관계, 2차적 관계로 나누어 생각할 수 있고, 그에 따라 언어가 이야기하는 대상도 1차적 대상과 2차적 대상으로 구별될 수 있다. 의식을 가진 나는 예를 들어 하나의 사물인 산을 보고 그것을 "산이다"라고 말한다. 이때 나의 의식은 대상과 1차적인 관계를 맺고 있는 것이며, 내 의식의 대상은 1차적 대상이라고 부를 수 있다. 그러나 의식으로서의 나는 내가 1차적 대상과 1차적인 관계를 맺고 있는 그 관계 자체를 나의 의식의 대상으로 삼고 "나는 산을 보고 '산이다'라고 의식했다"라는 내 의식을 서술할 수 있다.

이때 나의 언어를 2차적 언어라고 부를 수 있고 그 언어가 서술하는 대상, 즉 1차적 언어관계를 3차적 대상이라고 부를 수 있다. 예술은 바로 이와 같은 2차적 언어이다. 그리고 우리는 분석에 의해서 2차적 언어의 대상, 즉 2차적 대상이 물질적인 것일 수 없음을 알고 있다.

그렇다면 이와 같은 대상을 갖고 있는 2차적 언어로서의 예술은, 2차적 언어로서의 철학적 언어와 똑같은 것처럼 보일 것이다. 그러나 좀더 생각해보면 예술과 철학은 다르다. 예술이 서술하는 대상은 1차적 대상에 대한 서술언어 자체가 아니라 그렇게 서술하면서 살아가는 구체적 인간이다. 이에 반해서 철학은 1차적 대상에 대해 서술된 1차적 언어 그 자체이다. 바꿔 말해서 철학이 언어에 대한 언어인 데 반해서, 예술은 언어를 쓰면서 살아가는 인간경험 자체에 대한 언어이다.

지금까지 우리는 어떤 대상과 의식하는 사람과의 1차적 관계를 오로지 인식적인 차원에서만 보았지만, 구체적으로 살아가는 인간은 그를 둘러싸고 있는 모든 대상들, 즉 자연이나 문화적 소산 속에서 여러 가지 관계를 갖고 있다.

첫째로, 육체로서의 인간은 물리적인 관계를 맺고 있고, 둘째로 생물로서의 인간은 생물학적인 관계를 맺고 있고, 의식으로서의 인간은 지적 혹은 정서적 관계를 맺고 있고, 또 그런 관계 속에서 행위를 스스로 결정해야 하는 인간은 횡적으로 윤리적 경험을 한다. 이처럼 복잡한 관계를 가지고 자연과 사회 속에 살아가는 인간의 생존형태는 체험이라든가 더 간단히는 인생이란 말로 부를 수 있다. 예술이 이야기하고자 하는 대상은 다름아니라 인생체험 혹은 그냥 인생이라고 하는 사물이 아닌 경험 자체라고 봐야 한다.

이와 같이 볼 때 예술언어는 잃어버린 줄 알았던 대상을 다시 찾은 셈이다. 따라서 예술언어도 단순한 주관의 표현만이 아니라 무엇인가를 서술하는 인식언어로서 비록 대상의 성질이 다를 뿐 과학에서의 서술언어와 근본적으로 다를 바가 없다고 봐야 하게 되었다.

그러나 예술언어의 서술대상이 물질적으로 존재하는 것이 아니고 물질로서 이해 안 되는 인간의 체험이라곤 하지만, 과연 예술작품으로 인정된 모든 종류의 예술언어가 그와 같은 대상이나마 실제로 갖고 있다고 말할 수 있겠는가?

예를 들어 폴록의 추상화나 쇤베르크 혹은 볼레즈의 음악이 과연 인간의 무슨 체험을 서술해주고 있다고 말할 수 있겠는가? 이들의 현대예술 작품에서 예를 들지 않더라도 따지고 보면 이러한 의문은 모든 예술작품에 해당한다고 볼 수 있다. 과연 어떤 의미에서 미켈란젤로의 〈시스틴 천장화〉나 베토벤의 《운명》이 인간의 무슨 체험을 서술했다고 볼 수 있겠는가? 〈시스틴 천장화〉의 주제는 실제로 일어났던 사건이 아니고 신화에 불과한 것이기에 그것이 인간의 체험을 서술했다고 하기는 어렵다. 폴록의 추상화를 보거나 베토벤의 《운명》을 통해서 그 예술가들이 각기 무엇인가의 체험을 서술했다고 하더라도, 관중으로서의 우리는 그들이 서술했다는 어떤 체험과는 전혀 관계 없이 감상해도 그 작품의 예술적 가치에는 아무런 차질이 생기지 않을 것이다.

이러한 사실들은 언어로서의 예술작품은 그것이 서술하는 지시대상물 없이 존재하는 언어가 됨을 보여준다. 따라서 예술언어는 서술언어가 아니라 정서언어로서, 그 언어의 의미는 인식적 의미가 없고 오로지 정서적 의미emotive meaning만을 갖고 있다고 봐야 한다.

이렇게 생각할 때 우리는 다시 최초의 문제로 되돌아온 셈이다. 다시 말하지만 예술언어는 대상과 관계 없이 다만 예술가 자신의 주관적인 내적 표현에 지나지 않는다. 그러나 이와 같은 결론은 앞서 보았듯이 예술창작이나 예술감상에 대한 극히 불만족스러운 설명이다. 그렇다면 어떻게 다시금 예술언어의 대상을 찾아낼 수 있을 것인가?

우리는 다음과 같이 생각할 수 있을 것 같다. 즉 한 예술작품, 예를 들어 스트라빈스키의 《봄》이나 폴록의 한 폭의 추상화는 어떠한 결정적인 물질을 대상으로 한 것도 아니고 결정적으로 지적할 수 있는 어떤 체험을 대상으로 갖고 있지 않으나, 예술가가 삶을 살아가는 가운데에서 느낀 복잡한 여러 경험의 합성으로 창조된 미묘한 결정으로 볼 수 있다.

다시 말해서 예술작품이 사실적으로나 비사실적으로 서술하고자 하는 대상은 산도 아니요, 책상도 아니며 그렇다고 '즐겁다'거나 '슬프다', '아프다', '노란 꽃이 보인다' 등과 같은 말로 표현될 수 있는 어떤 특정한 체험을 대상으로 서술한 것도 아니고, 그런 여러 가지 경험을 거쳐 그것들로부터 결정된 새로운 경험을 대상으로 하고 있다고 볼 수 있다. '기쁘다', '슬프다', '아프다', '노란 꽃이 보인다' 등과 같은 무수한 경험들이 종합되고 응결된 하나의 경험은, 위에 든 바와 같은 개별적인 언어들로 서술될 수 없을 뿐 아니라 그것들을 한데 모은 언어로도 서술될 수 없다. 왜냐하면 예술작품이 서술하려는 대상은 여러 경험들의 집합이 아니라 그 구조요소들로는 환원될 수 없는 새로운 결정이기 때문이다.

그렇다면 이렇게 결정된 하나의 체험을 서술할 언어가 존재하지 않을 것이라는 것도 이해가 간다. 즉 예술언어가 서술하려는 대상은 이미 존재하고 있는 개별적 언어나 그것들의 단순한 종합으로는 서술될 수 없음을 이해하게 된다. 그런데 예술의 목적은 바로 기존의 언어로 서술할 수 없는 체험을 서술하려는 데 있다. 따라서 예술가가 처할 필연적인 조건은 언제나 새로운 언어를 발명해내는 능력이다.

예술작품의 우열은 첫째, 예술가가 서술하고자 하는 대상인 그 자신의 체험의 깊이에 있을 뿐만 아니라, 그가 얼마만큼 새로운 언어를 잘 창조해낼 수 있는가의 역량에 달려 있다. 그러기 위해서 예술가는 이미 존재하고 있는 여러 가지 언어, 즉 문자 혹은 그 밖의 언어, 즉 색·음·동작

등을 바탕으로 해서 그것들이 이미 개별적으로 갖고 있는 의미를 가능한 한 최소한으로 축소시키고 그것들의 새로운 종합에 의해서 생기는 어떤 새로운 언어를 만들어내야 한다. 만약에 기존하는 언어를 완전히 배제한다면 새로운 언어는 전혀 의미를 전달할 수 없기 때문에 예술가는 완전히 새로운 언어를 만들고 싶지만, 최소한도의 기존 언어를 사용해야 하는 것이다.

예술의 기능이나 예술가의 목적의 관점에서 해석해볼 때, 예를 들어 쉰베르크의 음악이나 폴록의 추상화가 언뜻 보기는 아무런 의미도 갖지 않은 순전히 무상적인 것이 아님을 이해할 수 있다. 다다이즘Dadaism이나 초현실주의가 예술의 무상성을 떠들썩하게 주장하고 나오긴 했으나 사르트르의 말마따나 인간의 행위는 그 어떤 것도 무상적이 아니다. 완전한 무상성 행위란, 그 개념으로 볼 때 자기모순적이다. 쉰베르크의 음악이나 폴록의 추상화나 말라르메의 난해한 시는 각 예술가들이 만든 음, 색, 그리고 문자의 새로운 언어라고 봐야 한다. 언어인 이상 그것은 반드시 어떤 의미를 갖기 마련이지만, 실상 위의 각 예술작품들의 의미가 확실하지 않은 까닭은 예술작품이 기존하는 언어가 아닌 새로운 언어가 되려고 하기 때문이다.

그리하여 언어로서의 예술작품은 그것이 서술하는 대상을 갖고 있고, 단순한 감성언어가 아니다. 그러면서도 예술언어는 과학언어, 즉 인식언어가 될 수 없다. 왜냐하면 예술언어가 어떤 대상을 서술한다고 하지만 실질적으로 볼 때 우리는 그 대상이 과연 무엇인가를 꼭 지적해낼 수가 없으며, 또 예술언어가 무엇인가의 의미를 갖고 있지만 그 의미가 과연 무엇인지를 확실히 결정하기란 불가능하기 때문이다. 따라서 예술작품이 어떤 무엇인가를 서술한다고 가정했을 때, 과연 그 서술이 옳은지 그른지를 결정할 수 없기 때문이다.

위에서 여러 모로 살펴본 예술의 기능을 통해서 우리는 언어로서의 예술이 단순한 개인의 감정을 토로하는 감정언어, 즉 '표현'만 아니라 어떤 객관적인 대상을 갖고 그것을 '서술'하고 있다고 보이지만, 그 언어는 과학에서의 언어와 달리 인식언어가 될 수 없다는 결론에 이르게 된다.

요컨대 예술언어는 본질적으로 극히 모호하고 애매하다. 그렇다면 어째서 모든 사람들은 이와 같은 언어의 창조에 열중하게 될 경향을 내포하고 또 그런 언어에 그칠 줄 모르는 유혹을 느끼는가? 다시 말해서 위와 같이 해석된 언어로서의 예술은 인간생활에서 어떠한 기능을 하는가?

5. 자연과의 융화

어떤 물질적 대상을 안다는 것은 그 대상을 있는 그대로 머리 속에 넣는다는 말이 아니다. 그러한 일은 실질적으로 전혀 불가능할 뿐 아니라, 만약 그렇게 된다면 그러한 앎은 아무 쓸 데가 없다. 베이컨의 말마따나 앎은 '힘'이 되어 유익한 것인데, 만약 앎이 어떤 사물을 그대로 머리 속에 소유한 상태라면 그러한 앎은 아무 소용이 없다. 앞에서 설명한 바와 같은 앎이란 대상에 대한 우리의 경험 내용이 그와는 완전히 다른 언어체계에 의해서 일관되게 조직된 상태를 가리킬 뿐이다. 바꿔 말하면 대상과 별개인 언어체계를 가질 경우에만 앎은 있을 수 있다. 언어는 사물이 아니라 의미의 차원에 존재한다. 이와 같은 언어에 의해서 구체적으로 존재하는 사물이 언어를 통해서 의미로 추상화될 때 우리는 우리의 경험의 대상인 사물이 인식되었다고 말하는 것이다.

예컨대 $E=mc^2$은 물리현상에 대한 앎을 나타내는 언어인데, 이 언어는 그것이 서술하는 물리현상 자체가 아님은 두말 할 나위도 없다. 다시 말해서 위의 물리학의 한 공식은 물리현상 그 자체와는 달리 손으로 만져서 어떤 감각을 느낄 수도 냄새를 맡을 수도 없고 그 무게를 재어 볼 수도 없는 오직 의미에 불과하다. 그러나 구체적인 사물이 이처럼 추상적 의미로 번역되었을 때에만 비로소 우리는 그 사물을 알았다고 말할 수 있으며 그럼으로써만 우리의 앎은 비로소 힘이 되고 쓸모있게 된다. 결국 앎이란 사물에 대한 경험의 추상화에 지나지 않으며, 고도한 과학적인 앎이 되면 될수록 그 추상화는 그만큼 더 커가게 된다.

사물의 추상화는 동시에 그 사물을 추상하는 사람이 그 사물로부터 멀어진다는 것을 의미한다. 거리를 두고 사물을 대할 때에만 그는 비로소 사물을 의식하고 그것을 추상화해서 하나의 '앎'으로 번역할 수 있다.

이렇게 해석할 수 있는 앎은 우리에게 두 가지 불만을 남겨놓는다. 첫째, 앎이 과학적으로 발달되면 될수록 사실상 우리는 구체적으로 대하고 또 알고 있다고 생각되는 대상으로부터 멀어진다. 역설적으로 말해서 대상을 알면 알수록 우리는 대상을 모르게 된다. 이러한 사실은 과학을 오직 앎의 입장에서만 볼 때도 어떤 불만을 얻는 이유가 된다.

둘째, 앎은 의식을 전제한다. 어떤 사물과 떨어져서 그것과 거리를 두고 볼 때, 비로소 우리는 그 사물을 의식하고 알게 되는 입장에 설 수 있다. 앎의 대상과 그것을 아는 주체자와의 거리는 앎의 가장 근본적인 필수조건이다. 우리가 어떤 대상을 알 때 이와 같은 거리를 갖게 된다면, 우리가 자연 전체를, 우주 전체를 하나의 앎의 대상으로 삼을 때, 우리는 육체적으로 자연의 일부, 우주 안에 있지만 동시에 그런 자연, 그런 우주와 거리를 두고 그것들 밖(외)에 놓여지는 결과에 이른다.

인간에게 앎의 발달은 의식의 발달을 의미하고, 의식의 발달은 인간의 자연과 우주로부터의 이탈 또는 소외를 의미한다. 이러한 인간의 소외는 그를 불행하게 하고 자연과 우주로 돌아가서 그것과 완전히 융화되어 완전한 하나가 되고자 하는 욕망을 낳게 한다. 바꿔 말해서 과학의 발달은 자연과 우주로부터의 인간의 소외를 의미하므로 근본적으로는 인간이 바라지 않는 상태이다.

이와 같은 인간 본질의 한 면은 구체적인 인간의 보편적인 경험이나 태도를 고찰함으로써 알 수 있을 것 같다. 누구를 막론하고 유년시대에 대한 동경과 꺾을 수 없는 마음의 끌림을 갖고 있으며, 누구나 어머니의 품에 다시 안겨 고요하게 잠들고 싶어진다. 이러한 인간의 가장 자연스러운 경향은 이러한 인간 존재의 상태가 가장 의식이 덜 발달되고, 따라서 자연과 가깝고 그것과 하나가 되어 있는 인간 존재의 상태를 상징하기 때문이다. 적당히 술을 마시고 취하고 싶은 심정, 고민이 있을 때 그것을 잊어버리기 위해서 잠이나 자고 싶은 심정도 똑같은 원리로 설명될 것이다. 술에 취하고 잠이 든다는 것은 의식으로서의 우리 자신으로부터 해방되어 물체와 같이 의식 없는 존재가 되어 자연과 하나가 되려는 무의식적인 욕망의 표시이다. 이러한 인간의 본질은 프로이트의 '죽음에의 본능'이나 사르트르의 '대자'가 '즉자'가 되고자 하는 욕망으로 설명된다. 요약해 말해서 인간에게는 반의식·반지식에의 근본적인 욕망이 원초적으로 존재한다.

그러면서 또 한편 인간은 의식의 발달, 앎의 발전을 귀중히 하고 또한 그러한 것이 절대적으로 필요하다. 왜냐하면 생물로서의 인간은 물질적인 욕망을 최대한도로 필요로 하기 때문이다. 예를 들어 인간은 우선 의식주를 해결하고 될수록 편리하게 살려고 한다. 자연에 대한 지식은 인간에게 자연을 지배하고 조정하는 힘을 준다. 따라서 앎은 인간이 자연에서 찾아야 하는 물질적 욕망을 채워주는 좋은 수단이 되고, 따라서 귀중한 것으로 나타나게 된다. 자연에 대한 보다 많은 지식은 우리에게 보다 큰 힘이 되어 우리의 근본적인 욕망을 채워주는 데 절대적인 역할을 한다. 따라서 인간은 보다 많고 깊은 지식을 찾게 된다.

그러나 이러한 결과는 조금 전에 말했듯이 또 다른 면에서 인간에게 불만과 불행을 초래한다. 잘라 말해서 인간은 결코 양립할 수 없는 두 가지 근본적인 모순된 욕망을 갖고 있다. 이런 인간의 모순성은 프로이트의 '향락원칙'과 '현실원칙'의 대립으로, 또는 사르트르의 '대자'와 '즉자'의 대립에서 심리학적 혹은 철학적 설명을 붙일 수 있다. 달리 표현하면 인간은 존재차원에만 머물러 있으려 하면서 동시에 의미차원으로 들어가고자 한다. 그러나 이와 같은 인간의 욕망은 근본적으로 모순이다. 사르트르의 용어를 빌어 쓰자면 모든 인간의 노력은 궁극적으로는 '쓸데없는 고통'으로 귀착되게 마련이다.

예술은 예술가에게나 혹은 예술은 감상하는 사람에게 위와 같은 인간의 모순된 욕망에서 어떻게든 조화를 찾아, 자연 아니면서 자연으로 돌아가 다시금 자연과 원초적 화해를 하려는 표현이라고 볼 수 있다. 달리 말해서 예술은 인간이 자연 혹은 우주라고 하는 그의 대상과의 관계를 갖는 데 있어서 앞에서 길게 언급한 바와 같은 두 가지의 관계, 즉 인식적 관계와 표현적·정서적 관계도 아닌 어떤 관계, 위의 두 가지 양립할 수 없는 관계를 조화시키고, 그것을 넘어서서 가질 수 있는 한 차원 높은 어떤 관계를 세워보려는 노력이다. 그래서 예술은 어떤 대상을 의미화되기 이전의 상태, 즉 그냥 있는 그대로를 서술하려는 언어이며, 자연이나 우주와 거리를 두지 않은 채 그것과 완전히 하나가 되면서 그것들을 파악하려는 욕망의 표시이다. 그러나 이러한 욕망은 절대로 완전히 만족될 수 없다. 왜냐하면 그것은 모순된 욕망이기 때문이다.

그러나 이와 같은 욕망은 인간이 인간으로서 존재하는 한 인간에게서 떠나갈 수 없는 욕망이다. 따라서 예술은 시시포스처럼 자신의 목적이 이루어지지 않음을 잘 알면서도 자연과의 관계에서 가장 조화되고 만족될 수 있는 관계를 맺고자 하는 인간의 안타까운 욕망의 표현이다. 그러나 시지프스가 무거운 바위를 어깨 위에 메고 다시 산정山頂에 올라가면서 기쁨을 느꼈듯이, 예술은 그것의 헛된 노력 그 자체 속에 어느 곳에서도 찾을 수 없는 삶의 희열을 맛보게 한다.

5장
존재란 무엇인가

1. 경 험 과 존 재

우리는 3장과 4장에서 의식과 그 대상, 언어와 그것의 서술대상과의 관계를 고찰해보았다. 그 관계는 인식적 관계, 표현적 관계, 그리고 예술적·정서적 관계로 나누어 고찰할 수 있었다. 구체적인 이러한 모든 관계는 다름아니라 경험이라 부를 수 있다. 그런데 우리가 무엇인가를 경험하고 있는 것만은 가장 의심할 수 없는 사실이고, 모든 문제는 이러한 경험을 전제함으로써만 가능하다.

그러나 경험의 문제는 물론 그것이 내용으로 하는 대상의 문제와 관련은 있으나 별개의 문제이다. 다시 말해서 경험이 어떤 것인가를 아는 문제는 그것이 내용으로 삼는 대상이 무엇인가를 아는 문제와는 다르다. 세계 혹은 자연 혹은 우주가 우리의 경험의 대상이라면 그것들이 도대체 어떠한 것인가를 아는 문제는 이른바 형이상학적인 문제가 된다. 우리는 이것에 존재의 문제라는 이름을 붙일 수도 있다. 다시 말해서 우주는 근본적으로 어떤 성질의 것들로 어떻게 꾸며져 있는가를 알아보는 일이다. 우주는 무엇으로 만들어져 있는가? 우주 안에는 무엇들, 즉 존재하는 것들은 무엇인가?

우리는 대뜸 산이 있고 나무가 있고 하천이 있고 집이 있고 사람이 있고 강아지가 있고 모기가 있음을 안다. 우리는 또한 책상이 있고 연필이 있고 냉장고가 있음을 안다. 이렇게 생각할 때 존재의 문제는 간단히 풀릴 수 있어 보인다. 우주에는 무한히 많은 것들이 있고, 그것들은 대체로 우리가 쉽게 보고 만질 수 있는 것들이다. 그러나 우리는 책상이나 장롱이 같은 목재로 만들어져 있음을 알고 있으며, 산이나 하천은 흙과 바위와 물로 되어 있음을 안다. 물리학을 조금이라도 아는 사람이면 냉장고나 집이 다 같은 핵이라는 미립자들로 구성되어 있음을 알 것이며, 생물학을 배운 사람이면 사람과 모기가 다 같이 세포로 조직되어 있음을 안다. 그렇다면 책상이나 농은 목재의 구성물이지 그 자체는 독립해서 존재하지 않는다는 결론이 서고, 냉장고나 집은 핵에 비해 볼 때 근본적인 존재가 아니라는 결론이 나온다.

이렇게 해서 존재의 문제는 우리가 눈으로 보거나 귀로 들을 수 있는 것들이 무엇인가를 알아내는 데 있지 않고, 그 여러 가지 다양한 사물이나 사건들을 밑받침하는 근본적인 불변의 요소들이 무엇인가를 캐내는 일로 귀착된다.

전통적으로 철학에서는 이와 같은 근본적인 요소를 실체Substance라고 불렀다. 데카르트의 예를 들어 불에 녹는 초를 생각해보자. 밀랍으로 만든 초는 불에 타면서 녹아 원래의 모양이 없어지고 불이나 열 혹은 냄새로 변해버린다. 그러나 우리는 이런 경우에 초라는 뚜렷한 형태를 가진 물체 대신에 열이나 불이나 냄새가 대치되었다고는 볼 수 없음이 자명하다. 그렇지 않고 냄새나 열이나 불은 형태가 뚜렷한 초의 변화된 모양, 따라서 초와는 근본적으로 다를 바가 없다. 다시 말하자면 초나 불이나 열·냄새 등은 어떤 변화하지 않는 실체의 다른 모습이라는 것이다.

이렇게 해서 데카르트는 물질의 실체가 공간성extension에 있다고 주장하고 이에 반해서 정신의 실체는 비공간성에 있다는 결론을 내게 되었다. 여기서 우리는 데카르트의 실체에 관한 해답의 옳고 그름을 따지려는 것이 아니라, 실체라는 개념이 어떻게 생겨났고 또 그것이 정확히 무엇을 의미하는가를 아는 데만 관심이 있다. 이러한 예로써 실체라는 개념이 불변성을 내용으로 하고 있음을 알게 된다. 실체는 변화하는 가운데서도 변화하지 않고 남아 있는 것을 의미한다.

일단 실체가 무엇인가를 알게 됐을 때 변화하고 혼잡해 보이며 서로 아무 관련이 없어 보이는 것들을 하나의 원칙에 의해서 설명할 수 있게 된다. 만약 변화하는 모든 것들을 현상이라고 부른다면, 실체는 그것들의 본질로서 그러한 현상들이 무엇인가, 어째서 그러한가를 이해할 수 있게 된다.

그러므로 형이상학의 이상이 모든 현상을 단 하나의 실체로 설명하고자 함은 자연스러운 일이다. 문제는 과연 그렇게 할 수 있는가 없는가에 있다. 그리고 그렇지 않다면 우주의 현상은 얼마만큼의 실체로 설명될 수 있겠는가?

2. 일원론 Monism

우주의 모든 현상은 단 하나의 실체의 변화된 모습이라고 주장하는 이론을 일원론이라고 부른다. 그러나 그 하나의 실체가 어떠한 성질의 존재냐 하는 질문이 생긴다. 여기에 대해서는 우선 두 가지 대답밖에 생각할 수 없을 것 같다. 그 하나의 대답은 모든 것이 물질이라는 것이요, 또 하나의 대답은 모든 것이 물질과 정반대의 개념인 정신이라는 것이다.

왜냐하면 물질과 정신은 인간이 존재하는 것의 속성에 대해 생각할 수 있는 가장 포괄적인 두 개의 개념이기 때문이다. 산·나무·집·책상·전화 등은 모두 물질의 다른 양상임을 우리는 이해하고, 아픔·기쁨·생각 등과 같은 의식현상들은 정신의 다양한 모습임을 이해한다. 우리는 물질 아닌 어떠한 사물도 생각할 수 없고, 정신 아닌 어떠한 의식현상도 생각할 수 없다.

유물론적 일원론

우주의 모든 현상은 다만 물질의 변화하는 모습에 지나지 않고 따라서 정신현상도 물질현상의 어떤 모습에 불과하다는 주장을 유물론 Materialism이라고 부르며, 거꾸로 물질이라고 보이는 현상까지를 포함한 모든 현상은 근본적으로 정신현상의 한 모습이라고 보는 관점을 유심론 Spiritualism이라고 부른다. 유물론이나 유심론은 각기 정신과 물질이라는 현상을 부정하는 것이 아님을 주의해야 한다. 그것들은 각기 정신에 대한 물질적 해석, 물질에 대한 정신적 해석을 의미할 뿐이다.

근래 가장 통속적으로 마르크스와 연관해서 생각되는 유물론은 우리의 정신적인 현상도 언제나 물질적인 영향을 떠나서는 생각할 수 없다는 데 착안한다. 가령 '아프다'는 생각의 현상을 정신적인 현상이라고 한다면 우리는 누구나 그러한 현상이 물질적인 현상과 밀접히 관련됐다는 것을 알고 있다. 누가 내 머리를 막대기로 때리면 나는 아픔을 느끼지 않을 수 없다. 따라서 막대기로 때리는 물질적 현상이 내 육체에 물질적인 변화를 일으킨다고 볼 수 있으며, 그런 변화가 곧 아프다는 이른바 정신현상의 원인이 된다.

그러나 거꾸로 내가 아프다고 생각한다고 해서 반드시 내 육체 속에 어떤 물질적 변화가 생기진 않는다. 따라서 물질이 정신의 근원이 된다는 결론이 생길 수 있다. 또 한편 현대과학은 이른바 의식 현상이 두뇌의 복잡한 생리적 조직에 의해서 결정되고 또한 그러한 생리적 조직은 미세한 물질적 분자들에 의해서 설명될 수 있다는 극히 믿을 만한 증거를 내보이고 있다.

이렇게 볼 때 결국 정신을 포함한 모든 현상들이 오로지 핵으로 환원될 수 있다는 결론이 생기는데, 이 핵이란 다름아니라 물질현상에 불과하다는 것이다. 따라서 모든 현상은 다만 물질로서 설명된다. 즉 모든 현상은 물질의 여러 모습에 불과하다. 바꿔 말해서 모든 현상의 실체는 물질이라 말할 수 있다. 그러나 이러한 주장이 꼭 옳을까?

유심론적 일원론

여기서 우리는 유물론과 정반대의 입장에 서 있는 유심론을 생각하게 된다. 유심론의 가장 대표적인 철학자는 먼저 언급한 바 있는 버클리다. 그의 논리를 요약하면 다음과 같다. 만약 유물론이 옳다면 그것은 반드시 누군가에 의해서 우주가 어떤 것인가가 알려졌다는 것을 의미한다. 그러나 우주 자체와 그것을 앎의 대상으로 하는 의식 사이에는 반드시 거리가 있다. 다시 말해서 우주의 본질은 물질이라고 의식하는 그 의식현상, 즉 정신현상 자체는 그것의 대상과 일치할 수 없음이 논리적으로 자명하다. 그렇다면 우주는 완전히 물질로만 환원될 수 없는 정신현상을 반드시 남기고 있다 할 것이다. 따라서 모든 것이 물질로 환원될 수 있다는 유물론은 받아들일 수 없는 주장이다. 그뿐만 아니라 모든 현상은 물질이 아닐 뿐만 아니라 오히려 모든 현상은 정신적인 것이다.

버클리의 이런 주장은 다음과 같은 논리에 의해서 뒷받침된다. 무엇인가가 있다고 할 때 그것은 반드시 의식되어야 함은 자명하다. 따라서 역으로 의식되지 않은 무엇이 있다는 주장은 자기모순이다. 그런데 의식된다는 것은 머리 속에 하나의 개념으로 있다는 말이다. 그러므로 모든 것은 근본적으로 관념적인 것, 즉 정신적인 것이다.

여기서 우리는 유물론이나 유심론의 주장을 자세히 검토하지 않더라도, 반대되는 두 가지 주장이 우리의 가장 기본적인 흔들릴 수 없는 직감과 일치하지 않음을 안다. '정신은 물질이다'로 요약되는 유물론과 그 반대로 '물질은 정신이다'로 요약되는 유심론은 근본적으로 모순된 진술이다. 왜냐하면 정신과 물질은 완전히 대립되는 개념으로서 어느 하나도 다른 하나로 환원될 수 없기 때문이다. 그러므로 유물론이나 유심론은 다 같이 어딘가 잘못이 있음을 알 수 있다. 구체적으로 이 두 입장에 어떠한 잘못된 점이 있는가는 뒤에 생각해보기로 하고, 우선은 그 어느 것도 아닌 새로운 해결책을 생각해야 할 필요가 있다.

중립적 일원론

가장 근본적인 실체는 물질도 아니고 정신도 아닌 것으로서 물질과 정신은 단 하나인 실체의 양면에 불과하다는 생각이 일찍이 스피노자에 의해서 주장되었다. 이러한 주장을 중립적 일원론이라 하고 유물론적 일원론이나 유심론적 일원론과 구별할 수 있다. 언뜻 보아서 이러한 해석은 가장 납득이 잘 갈 것 같다. 그러나 문제는 물질도 아니고 정신도 아닌 그 중립적인 무엇을 어떻게 이해할 수 있느냐이다. 왜냐하면 물질이나 정신은 인간이 생각할 수 있는 가장 포괄적인 개념으로서, 그러한 개념을 함께 포괄할 수 있는 개념은 우리 사고의 영역을 넘어서기 때문이다.

여기서 우리는 위에서 본 세 가지 일원론의 한계를 보는 것 같다. 다시 유물론과 유심론을 생각할 때 우리는 다음과 같은 점에 주의를 갖게 된다. 유물론은 모든 현상이 원인과 결과를 가지고 있음에 착안함으로써, 모든 현상은 그러한 인과관계로 환원된다는 주장을 하게 된 셈이다. 그러나 모든 것을 인과관계로 볼 수 있다는 관점을 취함으로써 유물론은 처음부터 물질적 관점에 서 있었던 것이다. 한편 유심론은 모든 현상이 의식된 상태, 즉 의미된 것으로 볼 수 있다는 관점을 택함으로써 처음부터 모든 것을 정신적으로 보았던 것이다. 따라서 유물론이나 유심론은 다 같이 그들의 이론이 옳다는 것을 증명했다기보다는 각기 자기대로의 입장에 처음부터 신앙적으로 투신하고 있을 뿐이다.

만약 위에서 본 세 가지의 일원론에 무엇인가 잘못이 있다면 우리는 이제 이원론 혹은 다원론을 생각해볼 필요가 있다.

3. 이원론 Dualism

라이프니츠는 인간을 포함한 우주는 무수한 모나드monad(單子)의 집합체로 보았다. 그 모나드들은 제각기 다른 모나드로 환원될 수 없는 독립된 실체들이라는 것이다. 이러한 주장을 다원론Pluralism이라고 한다. 하늘에서 비가 내리는 것과 땅이 젖는 것과는 아무런 인과관계가 있을 수 없다는 결론이 생긴다. 그리고 내가 팔을 올리고 싶은 내 정신의 현상과 바로 그 순간 위로 올라가는 내 팔과도 아무런 관계가 없다.

이와 같은 이유로 라이프니츠는 말하기를 모나드에는 창窓이 없다고 했다. 다시 말하면 모나드는 서로 아무런 연관을 맺지 않고 있다는 것이다. 그러나 우리는 비가 오면 땅이 젖고 내가 팔을 올리고 싶은 마음을 먹으면 내 팔이 올라간다는 것을 잘 알고 있다. 만약 라이프니츠의 이론이 옳다면 비가 와도 땅이 반드시 젖을 이유가 없고, 내가 팔을 올리고 싶어도 내 손이 반드시 올라갈 까닭이 없다. 그렇다면 비가 올 때마다 땅이 젖는 이유를 어떻게 설명하겠는가? 라이프니츠는 이러한 문제를 그의 유명하고 놀라운 생각으로 풀려 했다. 모든 현상은 처음부터 조화롭게 마련되어서 비가 올 때는 마침 땅이 젖고, 내가 팔을 올리고 싶어질 때면 마침 팔이 올라가 세상만사가 혼돈을 일으키지 않고 하나의 완전한 전체적인 조화를 이루고 있다는 것이다.

분명히 라이프니츠의 철학은 그 예를 볼 수 없을 만큼 기발하다. 그러나 모든 이론은 그 내부에 완전히 일관성이 있을지라도 그것이 우리가 경험하고 있는 여러 가지 현상을 설명하고 이해시키는 데 도움이 되지 않는다면 이론으로서 별로 의미가 없다. 라이프니츠의 철학은 우리가 경험하는 현상을 이해하는 데 도움이 되는 것 같지 않다. 그러므로 우리는 보다 쉽게 이해할 수 있을 것 같은 이원론을 살펴보기로 하자.

이원론은 일원론이 해결하려는 문제를 문제로 삼지 않고 일원론, 즉 유물론과 유심론 이 두 가지를 동시에 포섭해서 그냥 그것대로 받아들인다. 우주는 근본적으로 하나의 어떠한 실체로 환원될 수 없고, 두 개의 실체로 구성되어 있다는 것이다. 간단히 말해서 우리가 어떤 현상을 서술하는 데 가장 포괄적인 두 개의 개념은 실제로 존재하는 두 개의 실체를 반영한다는 것이다. 다시 말해서 궁극적인 사고의 범주는 궁극적인 사물의 범주와 일치한다는 말이다.

이원론은 데카르트가 가장 명철하게 주장했다. 그는 모든 존재는 이른바 사고적 실체와 물질적 실체로 마치 흑백과 같이 구분된다고 주장했다. 구체적으로 말해서 모든 물리적 현상은 말할 필요도 없고 모든 생물이나 동물도 사고의 능력이 없기 때문에 순전히 물질적 실체로만 존재하고, 오직 인간만이 사고할 수 있기 때문에 인간만이 사고적 실체로서 존재한다고 주장했다. 그래서 생물이나 동물도 돌이나 물처럼 완전히 인과관계에 의해서 설명될 수 있다고 주장한다. 생물이나 동물이 다른 무생물과 다른 것은 오직 그것들이 복잡한 조직을 갖고 있을 뿐이라는 것이다. 그래서 데카르트는 생물과 동물도 일종의 기계라고 보았다.

데카르트의 이원론은 우리가 경험하는 현상을 가장 납득이 가게 설명해주는 것 같다. 실상 잘 됐든 못 됐든 하이데거가 말한 것처럼 이러한 사상은 서양인의 사고를 오래 지배해왔다.

그러면서 이원론은 그 자체에 어려운 문제를 내포하고 있다. 인간이 생각하는 실체로서 존재한다면, 인간은 또한 물질적 실체로도 존재한다.

왜냐하면 실제로 살아 있고 사고할 수 있는 존재인 인간은 그의 육체를 떠나서는 실제로 있지 않다. 따라서 적어도 인간에게 정신과 육체는 하나의 덩어리로 분리될 수 없이 엉켜 있다. 정신과 육체는 한 덩어리로 존재한다기보다는 피차에 어떤 인과관계를 갖고 있는 것 같다.

만일 인간에게 있어서 정신과 육체의 관계가 물리학적인 인과관계로 설명될 수 없다치더라도, 적어도 피차에 영향을 주고 있음은 부정할 수 없는 사실이다. 왜냐하면 살에 불이 닿으면 뜨겁다는 것을 의식하게 되고, 손이 밑으로 늘어지려 해도 그것을 들고 있고 싶으면 적어도 잠시 동안은 그것은 밑으로 늘어지지 않기 때문이다. 다시 말해서 육체적 조건에 따라 정신상태가 변하고, 정신상태에 따라 육체적 형태가 달라진다. 따라서 여기서 문제는 어떻게 완전히 독립된 정신적 실체와 물질적 실체가 서로 관계를 맺고 영향을 줄 수 있느냐를 아는 데 있다.

위의 두 가지 실체를 물·불처럼 갈라놓은 데카르트는 이러한 문제를 설명하는 데 완전히 실패하고 있다. 아니 그는 전혀 설명하지 못했다. 그의 이원론은 근본적으로 해결할 문제를 남기고 있을 뿐이다.

그러나 앞서 말한 라이프니츠의 예를 따르자면 이른바 병행주의 Parallelism라는 설명이 있다. 이 주장에 의하면 정신과 육체가 피차에 어떤 영향을 주고 있다고 보기보다는 그 두 개의 독립된 현상이 우연히 병행해서 일어난다는 것이다. 그러나 앞서 다원론에 잠깐 이야기한 것처럼, 아무 관련이 없는 두 개의 현상이 언제나 동시에 일어난다는 것은 단순한 우연이라고 보기 어렵다. 만일 두 개의 생판 다른 현상이 우연히 병행한다면 어째서 내가 일어서려고 마음먹은 내 몸이 넘어지지 않고 일어나게 되는가? 정신과 물질과의 관계의 문제는 다름아니라 바로 위와 같은 문제를 해결하려는 데 있다. 따라서 이러한 문제를 내포하고 있는 병행주의는 이원론이 지니고 있는 문제를 풀어준다고 할 수 없다.

정신과 물질의 관계에 대한 두 번째 주장은 이른바 부수현상주의 Epiphenomenalism라 부른다. 이 주의에 의하면 정신과 물질 사이에는 오직 일방적인 영향이 있다는 것이다. 일정한 물질의 현상은 일정한 정신의 현상을 나타내지만, 거꾸로 정신의 현상은 물질의 현상을 결정지을 수 없다. 따라서 비유해서 말하자면 정신은 일종의 물질의 그림자와 같다. 정신은 인과적으로 무능하다는 것이다.

그러나 이런 해결 방법도 만족스럽지 않다. 만약에 이 이론이 만족될 수 있는 것이라면 첫째, 어째서 내가 팔을 올리려고 마음먹으면 그것에 따라 팔이 올라가는가를 설명해야 하며, 둘째로 어째서 물질적인 조건이 정신적인 조건을 그림자처럼 동반케 하느냐를 밝혀야 한다. 그렇지 않고서는 정신과 물질의 관계에 대한 설명이 될 수 없다. 부수현상주의가 해결하려고 했고 해결했다고 생각하는 원래의 문제는 그냥 그대로 해결을 기다린 채 남아 있게 되고 만다.

마지막으로 일치론을 생각해보자. 이 주장에 의하면 정신현상은 다른 게 아니라 바로 물질현상이라는 것이다. 이리하여 이 주장은 이원론이 갖는 문제를 해결한다기보다는 문제의 근원인 이원론을 부정하고 일원론으로 되돌아가고자 한다.

예를 들어 내가 "어떠어떠한 느낌을 갖는다"라는 말의 의미는 정신이라는 어떤 별개의 대상을 지칭하는 게 아니라 '어떠어떠한 뇌신경의 상태'를 지시함에 불과하다. 이러한 사실은 "어떠어떠한 느낌을 갖는다"라는 서술은 '어떠어떠한 뇌신경 상태'라는 서술이 지시하는 물질적 대상을 달리 표현했을 뿐이다. 좀더 일반적으로 말해서 이른바 물질현상과 대립해서 생각해온 이른바 독립된 존재로서의 정신현상은 실재에 있어서 물질현상의 색다른 서술에 불과하다는 것이다. 따라서 모든 물질현상은 정신현상으로 번역될 수 없지만, 모든 정신현상은 물질현상으로 바꿔서 번역 서술될 수 있다.

예를 들어 내가 "목이 아프다"라고 할 때의 나의 정신적 서술은 내가 어떠어떠한 물질적 조건에 어떠어떠하게 행동을 취하라는 행동적, 즉 물질적 서술로 바꿀 수 있거나 혹은 나의 육체적 조건이 구체적으로 어떠어떠하다라는 서술로 바꿔질 수 있다는 것이다.

일치론은 우선 어떻게 그 주장이 옳은가를 경험적으로 증명할 길이 없는 형이상학적 유물론적 가설에 불과하다는 결점을 갖고 있다. 둘째로 일치론을 따르자면 모든 것이 근본적으로 물질인 이상 모든 현상은 인과관계에 의해서 설명된다는 결론을 받아들여야 할 것이다. 그렇다면 일치론은 다음과 같은 두 개의 경우를 구별하기 어렵다. 단토의 예를 빌자면 '한 사람의 손이 올라가는 것'과 그 사람이 손을 올리는 것과는 분명히 똑같은 의미를 가질 수 없다. 그러나 외적으로 관찰하고 측량될 수 있는 물질적인 면에서는 똑같은 현상이다.

위의 두 가지 경우는 오로지 가상에 그치는 것이 아니고 누구도 절대로 부정할 수 없는 현상이다. 다시 말하면 우리는 위의 두 가지 경우가 존재함을 부정할 수 없다. 그런데 후자의 경우가 전자의 경우와 다른 점이 있다면 그것은 물질적으로만 설명할 수 없는 어떤 현상이 덧붙여져 있다는 것이다. 우리는 그 덧붙여져 있는 무엇을 전통적으로 의지volition라 부르는데, 그것이 물질적일 수 없는 이상 정신적인 현상을 가리킨다고 말할 수밖에 없다.

위의 논리가 믿을 만하다면 아무리 일치론이 정신을 물질화하려 해도 정신은 마치 물과 구별되어 떠 있는 기름처럼 물질과는 별개의 형태로 남게 된다. 그렇다면 우리는 다시 이원론을 받아들여야 할 필연성에 부닥치게 되는 것 같다. 우주는 서로 하나로 환원될 수 없는 근본적으로 다른 적어도 두 개의 실체로 만들어졌다는 이론이 선다. 그러나 일단 이원론을 받아들이게 되면 우리는 동시에 두 가지 실체가 어떠한 관계를 갖는가를 알아내야 할 원래의 문제를 계속 남기게 된다. 그렇지 않으면 이원론은 어딘가 잘못이 있는지 모른다는 의문이 생기지 않을 수 없다. 과연 정신과 물질이라는 실체가 따로 존재하는가 않는가, 그것들 간의 관계는 과연 어떠한 것인가를 다시 한 번 검토하기 전에 정신의 존재와 밀접히 관계되는 '자유'의 문제를 성찰해 볼 차례이다.

4. 결정론과 자유의지

물질현상은 법칙으로써 설명된다. 법칙은 결정론을 전제로 한다. 모든 물질현상은 기계적으로 움직인다는 말이다. 이에 반해서 정신현상은 자유의지 혹은 그냥 자유라는 개념으로 흔히 특징지어진다. 그러나 사실 정신현상은 결정론에 입각해서 어떤 법칙에 의해서 지배되지 않는 자유가 있는지 어떤지 증명되어야 할 문제로 남아 있다. 정신이 물질과 완전히 다른 실체라고 해서 그것이 법칙에 의해서 움직여지지 않는다는 결론은 얻을 수 없기 때문이다.

자유의 존재를 부정하는 결정론에 의하면, 물질현상만이 아니라 모든 현상은 어떤 인과관계에 의해서 꼭 그렇게 나타나지 않으면 안 되고 절대로 달리 나타나지는 않는다는 주장이다. 돌을 던지면 던져진 돌은 법칙에 의해서 꼭 땅에 떨어질 수밖에 없고, 하늘 위로 올라갈 수 없다. 그렇다면 정신을 가졌다고 믿어지는 인간의 행동도 같은 모양으로 설명할 수 있는가?

앞서 언급한 철학자 단토는 주장하기를 인간의 행동에는 결정론을 부정하는 것들이 있다고 주장한다. 그 좋은 예는 그가 이른바 '참는 일 forbearing'이라고 성격지은 행동이다. 즉 인간은 때에 따라 어떤 행동을 참지 않는다. '참는 일'이 무엇인가 하면, 어떤 조건 C에 놓여 있을 때 그것에 의해서 인과적으로 일어나게 될 결과 E라는 행동을 하지 않는 경우를 말한다.

다시 말하면 나는 내가 C라는 조건하에서 E라는 결과를 낼 수 있는 A라는 행동을 할 수 있는데, 그 E가 아닌 다른 결과를 낼 수 있는 Non-A라는 행동을 할 수 있다는 것이다. 그렇기 때문에 벙어리는 말하고 싶은 것을 참는다고 할 수 없고, 성불구자는 간음하고 싶은 생각을 참는다고 할 수 없다. 오직 말할 수 있는 사람이 말을 참고 성적으로 왕성한 사람만이 간음을 참는다 할 수 있다. 만약 말할 수 있는 사람이 말을 참고 성적으로 왕성한 사람이 여자를 대할 것을 참는다는 것이 사실로 일어나는 현상이라면, 그러한 같은 조건에서 꼭 한 가지 현상만 생기는 것이 아님을 실증하는 것이다. 다시 말하면 이러한 사실이 있다면 그것은 결정론을 부정하는 결과를 낳게 된다. 할 수 있는 일을 하지 않는 현상을 우리는 자유, 즉 인과법칙 밖에서 일어나는 현상이라고 부를 수 있다.

그런데 인간에게는 말할 수 있으면서도 말하지 않고, 성적으로 강한데 여자를 대하지 않는 예가 실제로 허다하다. 정신을 가진 인간의 행동은 완전히 인과관계에 지배되지 않고 있음을 증명한다. 그런데 '참고 견딘다'는 것이 물질적인 현상이 아니라 정신적인 현상인 이상, 정신의 특질은 자유에 있다는 결론이 나타난다. 결국 정신을 가진 인간에겐 자유가 있고, 그런 인간이 우주 내의 한 존재인 이상, 우주에는 자유가 있다는 결론이 생긴다. 자유, 즉 인과법칙을 벗어나 일어나는 행동이 있다는 사실은 우주의 모든 존재는 인과율로써만 충분히 설명되는 물질적 실체와는 완전히 구별되는 실체, 즉 정신이 있다는 것을 의미한다.

자유에 관한 이러한 주장과는 좀 다른 주장을 다시 한 번 생각해보자. 사르트르는 모든 주장이 하나의 물질현상이 아니라 물질현상에 대한 주장, 즉 물질을 대상으로 두고 이야기하는 이상 그 주장은 반드시 물질적인 것이 아닌 의식, 즉 정신의 활동이라는 전제에서 출발한다. 따라서 모든 문제의 시발점은 주관subjectivity에 있다고 그는 말한다. 그리고 모든 의식은 어떤 대상을 갖고 있으며, 또한 어떤 대상도 의식을 떠나서는 생각할 수 없는 이상 각 의식과 그 대상은 단독적으로 생각될 수 없다는 것이다.

한편 의식과 대상의 사이에는 논리적인 거리가 있다. 의식과 그 대상은 결코 동일한 존재적 차원에서 생각할 수 없다는 것이다. 그것들은 근본적으로 서로 다른 존재방식을 갖고 있다는 것이다. 그런데 모든 물질적인 현상, 즉 의식을 갖지 않는 사물은 필연적으로 대상으로서만 존재하고, 의식을 가진 인간만이 오로지 어떤 사물을 대상으로 삼을 수 있는 주관으로서 존재한다.

사르트르는 위의 두 가지 존재양식을 '즉자卽自'와 '대자對自'라는 이름을 붙여 부른다. 그에 의하면 우주의 모든 존재는 크게 즉자와 대자로 엄격히 구별되며 오직 인간만이 존재하고 그 나머지 모든 것은 즉자로서만 존재한다.

그에 의하면 우리의 의식생활, 즉 대자로서의 구체적인 경험을 현상학적으로 엄격히 고찰할 때, 대자로서의 인간은 절대적으로 자유롭다는 것이다. 즉 대자로서의 인간은 어떤 조건하에서든지 그가 처해 있는 어떤 외부조건에 의해서 완전히는 결정되지 않고 최소한도의 선택의 자유를 항상 갖고 있다는 것이다. 가령 내가 감옥에 갇혀 있는 포로의 경우에도 나는 육체적으로 그곳을 빠져나갈 수는 없지만, 그곳에서 반항하거나 혹은 순종할 수 있는 태도의 자유는 갖고 있다는 것이다.

그러나 단토나 사르트르에 있어서 과연 자유의 존재가 증명되었다고 볼 수 있는가? 과연 정신이라는 실체가 물질이라는 실체와 별개의 본질로서 존재한다는 것이 증명되었는가? 단토의 예로 돌아가서 내가 성적으로 완전함에도 불구하고 내 욕망을 참는다고 해서 나의 심리적 현상인 참음이 나의 다른 육체적 조건이나 내 과거의 여러 가지 경험에 의해서 이미 그렇게 결정되었던 것이 아니라고 말할 수 있겠는가? 또한 사르트르의 예로 돌아가서 내가 감옥에서 순종하지 않고 반항한다는 사실 자체가 이미 나의 생리적·사회적 그리고 기타의 여러 조건에 의해서 결정되었다고는 볼 수 없겠는가?

이러한 문제들이 구체적으로 입증되지 않는 한, 소위 자유란 하나의 환상이거나 결코 증명될 수 없는 하나의 형이상학적 가설에 불과하다.

정신이 물질과 별개의 실체로 따로 존재한다고 치자. 그런데 정신의 현상은 인간이라는 육체를 가진 구체적인 존재를 떠나서는 생각할 수 없다. 따라서 인간이 육체적으로 죽을 때, 즉 육체적으로 분해가 되어버릴 때 우리가 의식·정신을 잃게 된다는 것은 구체적 경험을 통해서 잘 알고 있는 바이다.

이런 관점에서 볼 때 만약 우주 속에서 단 한 명의 인간도 살아남지 않는다면 우리는 정신을 볼 수 없게 될 것이다. 만약 정신이 육체, 즉 물질과 전혀 다른 실체라면 내가 육체적으로 없어지고, 모든 인간이 완전히 우주 속에서 없어질 때도 정신은 역시 따로 존재할 수 있을 것이다. 그러나 우리가 경험을 통해서 예측할 수 있는 현상은 그것과 정반대인 것 같다. 그뿐만 아니라 만약 정신이 물질과 완전히 별개로 실재한다면 그것들의 관계는 어떻게 설명될 수 있는가? 분명히 물질적 조건은 정신에 어떤 영향을 주고, 또 이른바 정신 상태는 우리의 생리에 어떤 변화를 일으킨다. 그렇다면 둘 사이는 반드시 일종의 인과관계가 있다고 봐야 한다. 정신을 무엇으로 규정하든 간에 정신을 물질과 완전히 독립된 실체로 볼 때, 위와 같은 부정할 수 없는 두 실체 간의 관계는 풀리지 않은 채 수수께끼로 남을 뿐이다.

그렇다면 존재하는 실체는 물질뿐인가. 다시 말해서 모든 현상은 오로지 물질로 환원된다는 유물론이 옳은 견해인가? 그러나 이미 보았듯이 유물론적 설명에도 해결이 안 된 채로 여러 어려운 문제가 남아 있다.

여기서 우리는 '존재', '실체'라는 개념 자체를 다시 검토해볼 필요가 있다. '존재'가 무엇이냐고 묻기 전에 '존재'라는 말은 정확히 무엇을 의미하는가를 고찰해보아야 한다.

5. 존재는 언어에 의해서 구성된다

　존재가 무엇이냐 하는 문제는 우리가 어떠한 것들을 볼 수 있느냐 하는 문제에 지나지 않는다. 본다는 것은 하나의 지각을 가리키며, 지각은 반드시 어떤 의식상태를 뜻한다. 그러나 이미 2장에서 보았듯이 언어를 떠나서는 의식이 있을 수 없다. 하나의 대상은 그것에 대한 경험이 무엇이든 간에 언어로 서술되었을 때에만, 즉 그 무엇이 'Y'·'Z'라는 언어로 표현되는 개념 속에서 구별되었을 때에만 의식된다.

　여기서 물론 어떤 이는 그 무엇, 즉 'X'가 존재한다는 것을 어떻게 아는가라고 물을 것이다. 그러나 'X'라고밖에는 표현할 수 없는 '그 무엇'의 존재는 바로 그런 존재에 대한 의문 자체가 이미 전제로 하고 있는 것이기 때문에 그러한 의문을 던진다는 것은 자가당착이다. 따라서 존재의 문제는 하이데거식으로 도대체 존재가 있는가 없는가를 아는 데 있는 것이 아니라, 우리가 원초적으로 확신하고 있는 'X'라고 하는 그 무엇을 어떠한 무엇으로 서술할 수 있느냐에 있다.

　어떤 대상을 서술하려면 필연적으로 어떤 관점에서만 서술할 수 있다. 또한 관점을 택한다는 말은 어떤 범주로서 서술한다는 말이다. 예를 들어, 하나의 사물인 의자는 의자라는 범주로서, 목재라는 범주로서, 또 그것은 원자라는 범주 등에서 서술할 수 있다. 그래서 우리는 의자가 존재한다고 말할 수 있고, 목재가 존재한다고 할 수 있고, 원자가 존재한다고 할 수 있다.

　그러나 여기서 의자·목재·원자는 서로 다른 것이 아니다. 그것들은 똑같은 하나의 존재의 단지 다른 관점을 나타낼 뿐이다. 그렇다면 엄밀한 의미에서 의자가 근본적으로 존재할 수 있다고 말할 수 없고, 목재가 존재한다고 말할 수도 없다. 왜냐하면 의자는 목재의 한 면이고 목재는 원자의 한 면이기 때문이다. 따라서 근본적으로 존재하는 것은 오직 원자뿐이라는 결론이 나온다. 그러나 원자도 물질의 한 모습이다. 말하자면 모든 현상은 근본적으로 물질이라는 개념 속에 총괄적으로 서술될 수 있다. 뒤집어 말해서 물질이라는 개념을 떠나서는 우리가 직감적으로 알고 있는 '그 무엇'이란 존재를 서술할 수 없다.

바꿔 말해서 우리가 서술하려는 존재는 물질이라는 개념을 떠나서는 그것이 존재한다고 주장될 수 없다. 이와 같이 볼 때 궁극적인 존재는 물질이라는 결론이 서게 된다. 이 말은 우리가 물질이라는 존재를 직접 본다는 말이 아니라, '물질'이라는 개념, 즉 언어를 떠나서는 존재 자체를 생각할 수 없다는 말이다. 이러한 사실은 오로지 존재와 언어가 얼마나 밀접한 관계를 갖고 있는가를 보여준다. 존재는 언어 없이 생각될 수 없고 언어는 존재를 전제하지 않고는 생각할 수 없다.

여기서 언어라고 할 때 우리는 음이 활자화된 물질적 차원에서의 언어를 의미하는 것이 아니라 어떤 물질적 대상을 인식하는 의식상태를 말한다. 즉 어떤 물질적 대상을 의미로 파악하는 정신을 의미한다. 거꾸로 말해서 언어는 반드시 어떤 물질적 대상을 객관적인 존재로서 파악하는 주체로서의 정신을 전제하지 않으면 안 된다. 따라서 "모든 존재는 오직 물질이다"라는 주장이 옳다면, 그 주장은 그것이 주장인 한에서 물질 아닌 주체로서의 정신이기 때문에 그 주장이 옳을 수 없다는 역설을 낳는다. 그런데도 인간은 그와 같은 주장을 할 수 있는 괴이한 존재이다.

이와 같은 사실은 우리로 하여금 궁극적인 존재는 물질과 정신이라는 두 가지 서로 환원될 수 없는 존재들로 구성되었다는 결론을 낳는다. 우주의 모든 존재가 궁극적으로 두 가지 실체로 만들어졌다는 사실은 인간이 존재함으로써, 아니 더 정확히 말해서, 의식을 가진 인간의 행위에서 구체적으로 입증된다고 보아야 할 것이다. 왜냐하면 인간은 어떤 물질적 대상을 의식함으로써 스스로가 그 물질이 아닌 의식체로, 즉 객체가 아닌 주체로서 존재하는 동시에, 또한 다른 인간은 물론 자기 자신에 의해서 의식의 대상으로 취급될 수 있는 비의식非意識, 즉 객체로서 존재하기 때문이다.

그렇다면 이원론이 주장하는 것같이 물질이라는 것과 정신이라는 것이 마치 강아지와 돼지가 별개로 존재하듯이 따로 존재한다고 해야 하는가? 정신과 물질의 양면을 본다고 해야 할 인간은 두 개의 독립된 실체로 구성되어 있는 것일까?

의식을 갖고 생각하는 능력, 즉 정신을 가진 인간은 이질적인 두 실체의 복합물이 아니라 단 하나의 실체라고 봐야 한다. 그러나 그 단 하나라는 것이 무엇인가라는 물음에 대답할 때, 즉 언어로 서술되는 순간 그것은 물질만이라고도 할 수 없고, 정신만이라고도 할 수 없고, 물질과 정신이라는 두 개의 존재로서만 봐야 한다는 논리를 벗어날 수 없다. 두 개의 존재를 인정하지 않고 오직 물질만의 존재라고 할 때 그런 주장은 자가당착에 빠지고, 거꾸로 정신만의 존재라고 할 때도 역시 자가당착에 빠지기 때문이다.

왜냐하면 한편으로는 "물질만이 있다"라고 하는 주장은 이미 그러한 주장을 하는 의식을 전제로 하며, 또 한편으로는 "정신만이 있다"라는 주장이 옳다면 정신이 의식하는 정신 아닌 어떤 대상을 전제해야 하기 때

146

문이다. 이와 같은 사실은 언뜻 보아서 언어를 떠나서 언어와 전혀 별도로 이야기할 수 있다고 생각되는 존재가, 실제로는 언어를 떠나서는 생각될 수 없음을 밝혀 준다. 좀더 다른 말로 이야기해서 존재론의 문제와 인식론의 문제는 '남자'와 '여자'라는 개념과 같이 밀접하게 연결되어 있어 서로 보완하는 관계를 갖고 있다. '남자'라는 개념이 '여자'라는 개념 없이는 무의미하고 '여자'라는 개념이 '남자'라는 개념과 대치되지 않을 때는 아무 의미를 갖지 못하는 것과 같이, 물질과 정신이라는 두 개념은 서로 대치되지 않고는 각기 그 의미를 갖지 못한다.

물질과 정신의 떨어질 수 없는 관계는 내가 주장하는 바의 존재적 차원과 의미적 차원의 구별과 그것들 간의 관계를 통해서도 고찰될 수 있다. 물질이 있다고 주장하는 것은 존재적 차원에서 볼 때 맞는 말이요, 정신이 있다는 주장은 의미차원에서 볼 때 맞는 말이다. 그러나 존재차원은 의미차원을 전제해서 가능한 것이고, 거꾸로 의미차원은 존재차원을 이미 전제하게 마련이다. 왜냐하면 물질의 존재는 의미로 번역되기 전에는 그런 사실이 옳다고 추장될 수 없으며, 정신의 의미는 그것이 언어로 번역하는 물질적 대상의 존재를 전제하지 않고는 있을 수 없기 때문이다.

이렇게 볼 때 형이상학에서 떠들어 오던 전통적인 유물론과 유심론의 시비, 이원론에서 야기되는 물질과 정신의 관계 등 이른바 전통적인 철학적 문제들은, '존재'라는 개념 자체와 더 나아가서는 존재와 언어의 관계, 즉 존재차원과 의미차원을 혼돈한 데서 나온 시비였다고 생각된다. 바꿔 말해서 존재차원과 의미차원의 구별과 관계, 즉 물질과 정신의 대립개념들은 모든 사고의 매트릭스matrix임을 인정해야 한다.

이와 같은 개념의 매트릭스를 떠나서는 존재가 무엇이냐에 대한 대답이 나올 수 없다. 그러므로 우주의 존재는 궁극적으로 물질과 정신이라는 개념으로 분할되어 인식될 수밖에 없고, 또 그렇게밖에는 인식될 수 없는 이상, 그런 것들이 궁극적인 존재라고 말해야 된다. 존재가 언어로 번역되어서만 인식될 때, 인간에 있어서의 육체와 정신의 문제도 해결된다. 다시 말하면 여태까지는 육체와 정신의 문제를 오로지 존재차원에서만 따졌는데, 사실 그 문제는 의미차원과 존재차원의 관계의 문제라는 것이 인식될 때, 종래의 어려웠던 철학적 문제는 해소되고 만다.

위에서 말하고자 한 존재에 대한 나의 관점을 요약하면 다음과 같다.

첫째, 언어를 떠나서는 존재가 어떠한 것인가를 이야기할 수 없다. 따라서 언어 이전에는 존재하는 것이 그냥 존재하는 'X'로만 남아 있다.

둘째, 하나의 언어는 그것만이 독립될 때는 의미를 갖지 않는다. 즉 그 언어는 언어로서의 기능을 발휘할 수 없다. 이미 언어철학자 소쉬르가 밝혀주었듯이 하나의 언어기호는 그것과 대립되는 언어기호가 있음으로써 언어로서의 기능을 발휘한다. 가령 '白'이라는 기호는 '백 아닌 색'과 대립되었을 때 의미를 갖게 된다. 이것을 우리는 언어구조의 가장 근원적 매트릭스라고 부를 수 있다. 실상 레비스트로스는 원시인의 인식구조 연구를 통해서 의식구조의 근본적인 매트릭스가 양립체계binary system라는 것을 실증해주었다. 동양의 음양설, 논리에서의 이율배반율 등은 인간의 의식구조가 양립체계의 매트릭스를 갖고 있음을 증명해주는 것이라 볼 수 있다.

셋째, 존재에 대한 가장 근본적인 매트릭스는, '물질과 정신'이라는 양립체계이다. 따라서 존재가 근본적으로 어떠한 것이냐 할 때, 유일한 대답은 물질과 정신이라 말할 수밖에 없다.

넷째, 물질과 정신이라는 존재개념의 근본적인 매트릭스를 기초로 해서 모든 존재에 대한 경험은 다양다색하게 체계화된다. 한 문화에 따라서 나무·산·책상·펜·콩나물국·원자·세포 등이 존재한다고 할 수 있고, 그런 것이 없고 다른 것이 있다고 말할 수 있다.

워프의 이누잇(에스키모)의 언어에 대한 연구를 기초로 한 세계관의 상대성도 이러한 원리에서 설명될 수 있다. 사람이 아닌 굼벵이가 만약 언어를 갖고 있다면 그 굼벵이는 경험을 사람과는 완전히 달리 체계화했을 것이고 따라서 굼벵이는 사람들이 믿는 것과는 다른 것들이 우주에 존재한다고 주장했을 것이다. 그러나 그러한 굼벵이도 물질과 정신이 근본적인 존재라는 데는 인간과 완전히 동의했을 것이다. 왜냐하면 물질과 정신은 존재에 대한 가능한 모든 사고의 매트릭스가 되기 때문이다. 사람이든 굼벵이든 하느님이든 도깨비든, 존재에 대해 얘기하는 한 그들은 다 같이 물질과 정신이 근본적인 것이라고 전제하지 않고서는 이야기가 될 수 없기 때문이다.

다섯째, 존재는 1차적 존재·2차적 존재로 구별된다. 물질과 정신은 1차적 존재로서, 존재를 이야기하는 순간 누구나가 보편적으로 받아들여야 하는 존재이다. 이와 반대로 책상·의자·떡국·눈·원자·백혈구 등과 같은 모든 서술언어는 2차적 존재라고 말할 수 있는 것으로 그것은 보편성을 가질 수 없고, 한 문화, 한 사회에 따라 달라지는 존재들이다.

이와 같이 고찰할 때 우리는 물질과 정신이라는 가장 포괄적인 두 존재에 대한 개념을 넘어서 존재하는 것이 무엇이냐고 묻는 것은 무의미하다는 것을 알게 된다. 다시 말해서 우리는 정신은 무엇이냐, 물질이 무엇이냐라고 물을 순 없는 것이다.

결국 존재의 문제는 언어와 그것이 서술하는 대상과의 관계에서 생기는 문제에 지나지 않는 것으로서 언어를 떠난 문제가 아니다.

6장

실천의 문제

1. 행위는 자유의지의 결과이다

  존재와 인식은 서로 분리해서 생각할 수 없지만 그것들은 물론 서로 다른 범주에 속하는 개념이기 때문에 혼돈되어서는 안 된다. 인식되지 않은 무엇이 존재한다고 주장하는 것은 모순이지만, 인식이 그 무엇인가의 존재 자체나 혹은 존재의 성질을 결정하지는 못한다.

  이와 마찬가지로 인식과 행위 사이에는 밀접한 관계가 있지만 무엇을 안다는 것과 어떻게 행동하느냐 하는 것은 별개의 문제이다. 나는 담배를 끊으면 몸에 좋은 줄 알면서도 담배를 끊지 않거나 못할 수 있기 때문이다. 어떤 앎에 따라 행동하는 과정을 해명하는 문제를 행위의 문제라고 불러 존재나 인식의 문제와 구별한다. 그러므로 지금까지 우리가 다루어본 인식과 존재의 문제와는 별도로, 그러나 그것들과 관련해서 행위의 문제를 검토해야 할 마당에 서게 되었다.

  그렇다면 행위는 무엇인가? 나는 집에 앉아 있는 대신 해수욕장에 간다. 나는 학문하기를 단념하고 사업에 발벗고 나선다. 나는 조국을 수호하기 위해서 전장에 가서 목숨을 바친다. 이러한 경우 내가 하는 일을 행위라고 부른다. 이 예들에서 내가 하는 일에서의 공통적인 요소는 무엇인가? 그것은 다름아니라 내가 움직였다는 사실이다. 나는 하나의 상황에서 다른 상황으로 움직인 것이다.

그러나 자연 속에서 움직이는 것은 나뿐만이 아니다. 강아지도 낯선 이를 보면 짖으며 쫓아가고, 돌도 던지면 땅으로 떨어진다. 그러나 우리는 개의 짖음이나 돌이 떨어지는 것을 가리켜 행위라고 부르지 않는다. 그렇다면 나의 움직임과 개나 돌의 움직임을 어떻게 구별할 수 있을 것인가? 어떤 의미에서 나의 움직임을 돌이나 개의 움직임과 구별해서 행위라고 부를 수 있을 것인가?

사람의 움직임이나 돌이나 동물의 움직임도 다 같이 자연 속에서 일어나는 일, 즉 변화현상을 가리킨다. 이 변화현상의 원인이 어디 있는가를 보는 관점에 따라 그것은 크게 사건과 행위로 구별된다. 어떤 변화현상이 자연의 인과법칙에 따라 기계적으로 일어난다고 생각될 때, 그 변화현상을 사건이라고 부르고, 그와 반대로 한 변화현상이 자연의 인과법칙을 넘어서 혹은 그 밖에서 어떤 자유의지의 지향에 따라 결정되었다고 보았을 때 우리는 이를 행위라고 불러 전자의 경우와 구별한다.

형이상학적인 입장에서 볼 때 과연 이른바 자유의지라는 것이 존재하느냐 않느냐, 모든 변화현상이 오직 인과관계로 설명되느냐 않느냐는 아직도 논쟁거리로 남아 있다는 것을 인정한다 해도, 적어도 우리가 일상생활에서 경험하는 차원에서 볼 때는 자유의지가 있다는 전제하에서만 사건과 행위의 구별이 우리가 경험하는 여러 현상들을 이해하는 데 크게 도움을 준다.

하늘로 던진 돌이 땅에 떨어지는 것은 그 돌이 땅으로 내려오고 싶어서 떨어진다고 설명하기보다는 뉴턴의 만유인력 법칙에 따라 기계적으로 인과관계에 의해서 떨어진다고 보는 설명이 더 납득이 간다. 그래서 우리는 돌이 떨어지는 현상을 사건이라고 부를 수 있다. 그렇다면 우리는 동물이 움직이는 현상도 사건이라고 불렀는데 과연 동물이 움직이는 현상을 돌이 땅에 떨어지는 현상과 똑같은 원리로 설명할 수 있을까?

물질의 현상은 원인과 결과의 관계로써 설명되지만 동물의 현상은 욕망과 욕망충족의 원칙으로 설명된다. 물이 어는 것은 온도가 낮아졌기 때문이지 물이 얼기를 욕망하기 때문이 아니다. 그러나 강아지가 고깃덩어리를 물어뜯는 것은 강아지가 고깃덩어리를 욕망하기 때문이지 고깃덩어리가 물어뜯음의 원인이 된다고는 보지 않는다. 따라서 물이 어는 현상을 하나의 사건이라 부를 수 있겠지만, 고깃덩어리를 물어뜯는 강아지의 동작을 똑같이 하나의 사건이라고는 보기 어렵다.

그러나 강아지가 고기를 물어뜯는 현상과 내가 철학을 전공하지 않고 수학을 전공하는 현상은 완전히 다르다고 본다. 물론 내가 수학을 전공하는 현상도 나의 욕망으로 설명할 수 있다. 그럼에도 불구하고 강아지의 욕망과 나의 욕망에는 뛰어넘을 수 없는 거리가 있다. 왜냐하면 강아지의 경우, 강아지는 고깃덩어리를 대했을 때 그것을 하나의 중요한 것, 자기가 이룩하고자 하는 가치로 의식하고 물어뜯은 게 아니라 본능에 의해서 거의 기계적으로 물어뜯었다고 봐야 하는 반면에, 내가 수학을 전공하게 된 이유는 수학이란 학문이 나에게 중요한 것, 즉 가치로 인식되어서 그것을 내 자유의지에 따라 선택한 것이다.

이와 같이 볼 때 어떤 현상은 단순한 욕망에 의해서 설명되지만 또 어떤 현상은 가치의 자유로운 선택에 의해서만 설명된다. 전자의 현상을

타의적 현상이라고 부른다면 후자의 현상은 자의적 현상이라 부를 수 있
다. 물질의 현상과 동물의 현상이 다 같이 타의적인 것임에 반해서 오직
인간의 현상만이 자의적인 현상이라고 볼 수 있다. 모든 현상을 타의적
인 것과 자의적인 것으로 구별할 때, 그것은 편의상 각기 사건과 행위로
바꿔 부를 수 있다. 따라서 동물의 현상도 사건의 범주 속에 넣어 생각할
수 있다.

인간의 행위가 외적 힘에 의해서 타의적으로 결정되지 않고 그 자신이
갖고 있는 자유의지에 의해서 자의적으로 선택된 것이라면 그러한 선택
은 가치라는 개념을 떠나서는 이해될 수 없다. 나는 A라는 행위가 B라는
행위보다 더 가치 있다고 믿기 때문에 A라는 행위를 취한다. 따라서 마
치 원인이 사건을 결정하듯이 가치는 행위를 결정한다. 그렇다면 가치란
무엇인가?

2. 가장 인간다운 행위는 윤리적 행위이다

우리는 흔히 다이아몬드는 가치가 있다, 혹은 학문은 가치가 있다라고
말한다. 이렇게 말할 때 우리는 마치 다이아몬드의 가치라는 '것', 학문의
가치라는 '것'을 객관적으로 소유하는 것 같은 착각을 일으키기 쉽다. 그
러나 다이아몬드는 그것이 어떤 색깔이나 원자를 포함하고 있는 것과 달
리 가치라는 '것'을 포함하고 있지 않다. 가치는 다이아몬드 속에 존재하
는 '것'이 아니다. 더 일반적으로 말해서 가치는 존재하지도 않는다.

그렇다면 다이아몬드는 가치가 있다라는 말은 무슨 말인가? 이런 말을 했을 때의 가치는 무엇을 의미하는가? 다이아몬드는 가치가 있다는 말은 내가 혹은 많은 사람들, 또는 모든 사람들이 다이아몬드를 갖고자 원한다는 뜻에 지나지 않는다. 이 말은 다이아몬드는 나를 혹은 많은 사람들을 또는 모든 사람들을 만족시켜주는 물체라는 말이 된다.

가치는 인간의 욕망을 떠나서는 생각할 수 없는 개념이다. 가치가 있다는 말은 X는 어떤 욕망을 채워주는 대상 혹은 조건이 된다는 말이다. Y는 가치가 있나 없나를 알아본다는 말은 마치 모래 속에 금이 끼어 있나를 찾아보듯이 Y 속에서 가치라는 금덩어리를 찾아보겠다는 말이 아니라, Y가 어떤 욕망을 만족시켜줄 조건을 갖추고 있는가 아닌가를 검토해보겠다는 말이다. 따라서 어떤 사건이나 상황은 각 개인의 욕망이 무엇인가에 따라 가치로 될 수 있고 정반대가 될 수도 있다.

니체 그리고 사르트르의 말대로, 인간에 의해서 인간이 있음으로써 가치가 나타난다. 그래서 인간은 가치의 창조자가 된다. 인간의 욕망에 의해서 가치는 결정되고 가치에 의해서 인간의 행위가 결정된다.

가치가 인간의 욕망에 의해서 결정된다면, 인간이 갖고 있는 욕망의 종류에 따라 가치의 종류도 결정될 수 있다. 그리고 가치의 크고 작음에 의해서 인간의 행위는 결정된다. 인간에게서 대체로 크게 네 가지의 욕망을 생각할 수 있다.

첫째, 물질적 욕망이다. 동물로서의 우리는 의식주라는 물질적인 것을 필요로 한다. 이와 같은 필요에 의해서 결정된 가치를 경제적 가치라고 부를 수 있다.

둘째, 인간은 어떤 사실을 알고자 하는 욕망이 있다. 그것은 진리에 대한 욕망인데 이러한 욕망에 의해서 앎은 하나의 근본적인 가치가 된다.

셋째, 인간은 아름다운 것을 욕망한다. 한 송이의 꽃, 한 편의 시는 그 것이 물질적인 실용적 가치가 있거나 지적인 가치가 있어서가 아니라 아름답기 때문에 우리를 만족시켜 준다. 이러한 아름다움에 대한 욕망에 의해서 예술적 가치가 결정된다.

넷째, 우리는 윤리적 가치를 생각할 수 있다. 인간에게는 남들과의 관계에서 옳은 행동을 택하려는 본능이 있는 것 같다. 옳은 행동을 하고자 하는 욕망에 의해 윤리적 가치가 결정된다.

인간은 물질적 가치 · 지적 가치 · 예술적 가치 그리고 윤리적 가치에 의해서 물질적 만족 · 지적 만족 · 예술적 만족 그리고 윤리적 만족을 찾아 행위를 결정한다.

그러나 위의 네 가지 경우에 있어서 윤리적인 행위는 그 밖의 세 가지 행위와 근본적으로 다르다.

첫째, 처음의 세 가지 행위는 직접 딴 인간과의 관계를 전제로 하지 않는다. 이때 행위의 대상은 모두 비인격적인 것을 대상으로 하고 있다. 내가 갖고 싶은 물질, 내가 알고 싶은 현상, 내가 즐기고 싶은 형태 등이 행위의 대상으로서 나는 그저 그것에 만족하면 된다. 그러나 윤리적 가치는 언제나 나 아닌 다른 사람과의 관계에서만 생각될 수 있다. 내가 하는 행위는 직접 혹은 간접적으로 반드시 타인에 어떤 영향을 미치게 된다.

둘째, 처음 세 가지 경우에서의 가치는 인간과 그 대상과의 관계에서 결정되고 생물학적 또는 심리학적인 인과관계로써 설명될 수 있지만, 윤리적 가치는 사회의 규범에 의해서만 설명된다. 어떤 물질이 가치가 있는 것은 그것이 인간의 생리적인 욕구를 만족시키기 때문이며, 어떤 이해가 가치 있는 것은 그것이 인간의 지적 욕구를 만족시키기 때문이며, 어떤 형태가 가치 있는 것은 그것이 인간의 정서적 욕망을 만족시키기 때문이다. 그런데 인간의 이러한 욕망은 인위적으로 좌우할 수 없이 인간에게 자연적으로 결정지워진 것이다.

셋째, 자선의 행위가 가치가 있다는 것은 그것이 나의 생리적인 혹은 심리적 욕망에 의해서 결정되는 것이 아니라 한 사회가 세운 어떤 인위적인 규범에 의해 결정되는 것이다. 만약 물질적 가치·지적 가치·예술적 가치가 사람과 그의 대상과의 인과적인 관계로써 설명된다고 한다면, 그러한 가치에 따라 결정되는 인간의 행위는 동물의 행동과 근본적으로 다를 바가 없이 설명된다.

동물과 인간의 차이는, 인간이 동물과는 달리 자기가 찾는 욕망의 대상을 의식하고 있다는 점뿐이다. 사람의 경우에 욕망의 대상이 가치 있는 것으로 불리는 까닭은, 동물과 달리 인간은 욕망의 대상을 욕망의 대상으로서 의식하기 때문일 뿐이다. 그래서 인간의 특색이 가장 잘 나타나는 인간의 행위는 윤리적인 행위에서만 찾아볼 수 있다. 왜냐하면 인간을 제외한 어떤 동물도 인위적으로 만든 어떤 사회적 규범에 의해서 구애받지 않기 때문이다.

이와 같이 윤리적 가치가 다른 가치와 어떻게 다른가를 살펴봤을 때, 윤리적 문제가 인간에게 얼마나 중요한가를 알 수 있다. 왜냐하면 윤리적 문제가 가장 인간적인 문제인 동시에 가장 복잡하기 때문이다. 실상 인간으로 사는 데 있어서 우리는 윤리적인 문제를 떠나서는 단 하루도 살 수 없다. 인간은 근본적으로 윤리적인 동물이기 때문이다.

윤리적 문제를 명석히 밝혀낸다는 것이 얼마나 중요한가는 자명하다.

윤리적 행위를 다른 행위와 구별해서 실천이라고 부르자. 칸트가 말했듯이 실천의 문제는 인식의 문제와 나란히 가장 중요한 철학적 문제가 된다.

3. 윤리적 가치는 윤리규범에 따라 결정된다

　윤리적 문제는 사람이 사회생활을 하는 데서 생기는 문제이다. 그것은 나와 남들의 행복을 어떻게 조절하는가를 결정하는 문제이다. 따라서 만약 내가 무인도에서 완전히 고립되어 있다면, 혹은 이 세상에 사람이라고는 오직 나만이 살아 있다면 나에게는 윤리의 문제가 생기지 않는다. 윤리의 문제를 낳는 필수 조건인 타인과의 관계가 없어지기 때문이다.

　이러한 나의 주장을 반박하는 사람이 있을 것이다. 아무리 사람이 없더라도 큰 소리를 지른다거나 나체로 대낮에 돌아다닌다든가, 마구 꽃을 꺾든가 혹은 짐승을 잡는 짓 등은 윤리적으로 나쁘다고 주장할 것이다. 그러나 좋고 나쁨이란 가치는 인간을 떠나서는 생각할 수 없을 뿐 아니라 그것은 사물에 대한 인간의 관점인 이상, 인간으로서의 나는 내가 하고 싶은 대로 행동함으로써 내가 관계하는 사물에 대해 마음대로 가치를 결정할 수 있으며, 그럴 수밖엔 다른 도리가 있을 수 없다. 내가 하는 모든 일은 나에게 최대의 가치가 될 것이다.

　어떤 이는 인간을 초월한 가치가 객관적으로 있다고 주장하지만 나의 관점에서 볼 때 그러한 주장은 가치가 무엇을 의미하는지를 몰라서 생긴 자가당착적인 주장에 불과하다. 만약 내가 꽃을 꺾거나 동물을 죽임으로써 윤리적 가책을 느낀다면, 그것은 내가 꽃이나 동물을 이미 인격화해서 나 자신을 그러한 인격체로 구성된 한 사회 속에 넣고 생각하기 때문이다.

이와 같이 규정한 윤리의 문제는 결국 내 행위의 가치를 어떻게 결정하고 그 결정에 따라 행위를 실천으로 옮기느냐에 있다. 다시 말해서 문제는 어떻게 윤리적 가치를 결정하느냐를 알아내는 데 있다. 이것은 규준의 문제로 돌아간다. 내 행위의 규준을 어떻게 세워야 하는가?

모든 윤리적 가치판단의 밑바닥에 있는 규준은 '선善'이다. 선은 한 인간이 다른 인간과의 관계에서 다른 인간의 행복에 기여하거나 하고자 하는 행위를 가리킨다. 따라서 어떤 행위는 선인가 아닌가에 의해서 윤리적으로 가치가 있다 없다고 결정될 수 있다. 그리고 어떤 것이 선이냐 아니냐를 결정하는 규준은 행위의 의도가 좋았느냐 혹은 행위의 결과가 좋았느냐에 따라 결정된다.

그러나 문제는 이 두 가지 규준이 흔히 서로 상반된다는 데 있다. 좋은 의도에서 행한 나의 행위가 반드시 좋은 결과를 내지 않을 뿐 아니라 때로는 나쁜 결과를 내는 수가 많다.

가령 어떤 의사가 진심으로 환자를 고치려고 하다가 그 환자를 죽이게 되는 경우가 있다. 이러한 경우 우리는 그 의사의 행위에 대해서 어떻게 윤리적 판단을 내릴 수 있겠는가?

첫째의 이론에 의하면 위와 같은 경우 의사의 행위는 윤리적으로 선한 것이라고 판단되어야 한다. 왜냐하면 의사의 의도가 선한 것이기 때문이다. 이 이론은 선의 규준을 행위하는 사람의 주관 속에서 찾으려고 한다. 그러나 만약 어떤 사람이 부모를 죽이는 것은 그들의 영혼을 위해서, 자기 자신의 이해 때문이 아니라 절대적으로 선한 짓이라고 확신해서 부모를 살해했다 한다면, 과연 그 사람의 살인행위를 윤리적으로 가치 있는 것이라 찬양할 수 있겠는가? 이러한 예는 행위자의 의도만 가지고 하나의 행위의 가치를 평가할 수 없다는 것을 보여 준다.

둘째, 이와 반대로 행위의 결과에 따라 윤리적 가치를 평가해야 한다는 주장이 있다. 이러한 주장을 흔히 실용주의 윤리관이라고 한다. 이 주장에 의하면 한 행위는 그 행위가 얼마나 많은 사람들에게 얼마만큼의 행복을 가져왔는가에 따라서만 결정된다는 것이다. 그러나 우리는 다음과 같은 어려운 경우를 생각하지 않을 수 없다. 미국사회에서 흑인은 백인에 비하여 절대소수를 차지하고 있다. 흑인의 평등이 절대다수인 백인의 이익과 상반된다고 생각할 수 있다. 이와 같은 경우 실용주의원칙을 따른다면 흑인을 노예화하는 것이 절대다수의 행복을 가져오기 때문에 흑인의 평등화는 반윤리적이다. 그러나 우리는 직감적으로 한 인간이 다른 인간을 노예화하는 것이 비윤리적인 행위임을 알고 있다.

위와 같은 사실들은 한 행위의 윤리성은 그 행위의 동기나 결과에 의해서 결정될 수 없음을 증명해 준다.

윤리는 한 행위의 원인이 되는 의도의 문제, 그 행위의 결과의 문제인 동시에 반드시 규범의 문제가 된다. 바꿔 말해서 한 행위의 윤리적 선악은 그 행위의 의도나 결과에 의해서만 판단할 수 있는 것이 아니라, 어떤 규범을 전제로 해서 그 규범에 비추어 결정하게 마련이다.

규범은 원칙을 의미하는데, 원칙은 예를 들면 바둑의 규칙에 비교된다. 바둑을 두는 이유가 즐겁게 시간을 보내는 데 있다고 해서 제멋대로 규칙을 어기며 자기가 즐거운 대로 돌을 놓는다 해서 바둑을 잘 둔다고 말할 수 없다. 바둑두기는 바둑의 규칙을 떠나서는 생각할 수 없는 것이다. 바둑의 규칙에 의해서만 바둑을 잘 두고 못 둠이 결정될 수 있다.

이와 마찬가지로 한 개인의 윤리적 행위의 선악은 그 개인을 떠나서 이미 존재하는 윤리규범에 의해서만 결정될 수 있다. 몇백 년 전 남녀칠세부동석이라는 윤리규범이 있던 사회에서 그 규범을 어겼을 때 그 행위는 비윤리적인 것으로 규탄을 받았다.

반면에 어떤 사회에서는 자유로운 성관계까지도 전혀 윤리적 악으로 생각하지 않는다. 그러나 이미 존재하는 윤리규범에 어긋나지 않는 모든 행위가 자동적으로 윤리적 선이 된다는 말은 물론 아니다. 사람의 생명을 구하는 행위가 윤리적으로 선이다라는 규범이 서 있다 할 때 어떤 우수한 의사가 사람들의 생명을 많이 구했다고 하자. 그러나 그 의사가 생명을 구하는 의도는 생명 자체를 구하는 데 있지 않고 오로지 돈을 벌기 위한 수단으로만 생각했다고 하자. 이런 경우 그 의사의 행위를 윤리적으로 존경할 만하다고는 말하기 어렵다. 그럼에도 불구하고 그 의사의 행위에 대한 윤리적 가치평가는 '남의 생명을 가능한 한 구해야 한다'는 규범을 떠나서는 이루어질 수 없는 것이다.

바둑의 규칙이 바둑을 두는 사람들이 만들어낸 약속에 불과하듯이 윤리규범은 남들과 더불어 사회생활을 해야만 하는 사람들에 의해서 세워진 행위에 대한 사회적 약속에 불과하다.

윤리규범이 사회적 약속에 불과하다는 말은, 윤리규범은 아무런 필연성을 지니지 못하고 우연적인 것 또는 인위적이란 말이다. 어떤 윤리규범은 그와는 다른 규범이 될 수도 있다는 말이다. 남녀관계에 있어서 하나의 윤리규범이었던 남녀칠세부동석은 만유인력과 같은 자연 법칙과는 정반대의 규범이 될 수 있었다는 것이다. 그것은 마치 바둑의 규칙이 정하는 바에 따라 다를 수가 있는 것과 같다.

한 사회의 윤리규범은 딴 사회의 그것과 정반대일 수가 있고, 한 시대의 윤리적 선이 다른 시대에는 악이 될 수 있다. 요약해 말해서 윤리규범은 절대적이 아니고 상대적인 것이다. 그렇다면 한 사회의 윤리규범은 마치 바둑의 규칙을 마음대로 바꿔 새로운 약속을 세울 수 있듯이 아무 때나 마음대로 고치고 바꿀 수 있겠는가? 어떤 근거에 의해서 한 사회는 다른 규범을 세우지 않고 남녀칠세부동석이란 규범을 세웠던가? 그것은 완전히 우연한 결과인가? 윤리적 규범, 따라서 윤리적 가치는 완전히 상대적인가?

4. 윤리규범은 상대적이지만 기능과 목적은 같다

한 행위의 윤리적 가치판단은 이미 존재하는 윤리규범에 비추어 결정된다. 따라서 한 개별적 행위의 관점에서 볼 때 기존하는 윤리규범은 절대성을 띠고 있다. 그러나 앞에서 본 바와 같이 그 규범 자체는 절대적이 아니고 시대와 장소에 따라 다르기 때문에 상대적임을 안다. 동시에 어떤 개인이나 계급에 의해서 완전히 뜻하는 대로 정해진 것도 아니며, 우연한 결과로 생겼다는 것도 안다. 그렇다면 윤리규범은 어떤 의미에서 상대적이며, 어떤 의미에서 상대성을 초월하는가?

여기서 우리는 윤리규범이 바둑이나 그 밖의 게임 규칙과는 달리 한 사회 속에 살고 있는 인간들의 가장 원만한 생활을 위해서 없어서는 안 될 절실한 필요성에 의해서 생겨났다는 것을 알아야 한다. 한 사회가 윤리규범을 세우고, 그것에 비추어 그 사회 안의 개인이 행동하기를 요구하는 이유는, 그 규범에 절대적인 가치가 있다고 믿어서가 아니라 그러한 규범이 사회의 공동이익에 유익한 수단이라고 믿기 때문이다.

따라서 한 사회의 윤리규범이 상대적이라고 해서 각 사회에 사는 인간의 근본적인 공동이익이 똑같을 수 없다. 여러 사람이 똑같은 목적을 달성하려고 한대도 각 개인의 능력이나 여러 가지 환경에 따라 그것을 성취하는 방법은 다를 수 있을 뿐 아니라 달라야 한다. 물고기를 잡고 농사를 짓는 일이 다 같이 식생활을 해결하는 수단이라면, 산에서 사는 사람이 물고기를 잡아 식생활을 하려 하고, 바닷가에서 사는 사람이 농사를 지어 식생활의 수단으로 삼으려는 것이 근본적으로 비합리적임은 자명하다. 따라서 산에 사는 사람은 자기대로 바닷가에서 사는 사람과는 다른 방법으로 자기의 환경에 적합한 방법을 취해야 할 것이다.

바닷가에 사는 사람과 산에서 사는 사람의 환경이 다르듯이 한국의 사회적 혹은 지리적 조건은 미국의 사회적 혹은 지리적 조건과 다르고, 50년 전의 한국 사회나 자연적 여건은 오늘날의 사회나 자연적 여건과 달라졌다. 그렇다면 비록 한국인과 미국인이 근본적으로 원하는 바가 똑같고, 50년 전의 한국인과 오늘의 한국인이 원하는 바가 똑같다치더라도 그러한 똑같은 목적을 달성하기 위해서 한국인이 써야 할 수단과 방법은 미국인이 쓰는 수단 방법과 달라야 할 것이며, 50년 전의 수단 방법과 오늘날의 수단 방법은 필연적으로 달라야 할 것이다.

이와 마찬가지로 시대와 장소에 따라 사회조건이 다르다면, 각 사회에서 사는 사람들이 근본적으로 원하는 바가 모두 같다 해도 한 사회의 인간 관계를 조절하는 수단인 윤리규범도 사회마다 달라야 할 것이다.

그러나 윤리규범은 그것이 기능을 발휘하게 되는 사회의 여러 가지 조건에 대해서 상대적일 뿐이지 그것의 기능이나 목적 자체는 결코 상대적일 수 없다. 인간이 제각기 원하는 바가 근본적으로 같다고 인정할 때, 우리는 어떤 특수한 사회조건하에 어떠한 규범이 가장 효율적으로 그 목적을 달성할 수 있는가를 논리적으로 추리해낼 수 있고 또 그렇게 할 때 우리는 합리적이고 객관적인 윤리규범을 세울 수 있다.

5. 닫힌 윤리와 열린 윤리는 갈등하고 진화한다

윤리규범은 원래 그 자체가 절대적 가치가 있는 것이 아니고 사회의 공동이익을 위해 필요한 수단에 불과하다. 그래서 공동이익이라는 사회의 목적과 윤리규범의 관계는 윤리적인 관계가 아니라 앞서 말한 뜻으로의 물질적 관계에 가깝다. 내가 식욕을 채우기 위해서 영양 있는 음식을 만드는 것과 마찬가지로 한 사회는 어떤 목적을 달성하기 위해서 그것에 필요한 수단으로서 윤리규범을 세운다.

영양 있는 음식 자체나 그러한 음식을 만드는 행동이 윤리적인 것일 수 없는 것과 마찬가지로, 한 사회가 공동체로서 목적하는 것 자체나 그런 것을 실천하기 위해서 세운 윤리규범 자체는 결코 윤리적인 것일 수 없다. 윤리규범이 구체적인 개개인의 행위의 척도로서 기능할 때, 그 척도 자체가 윤리적인 가치가 되고 그런 척도에 비추어본 개개인의 구체적인 행위가 윤리적인 평가의 대상이 된다.

이렇게 해서 사회의 목적이나 환경에 대해서 상대적일 수밖에 없었던 윤리규범이, 개개인의 구체적인 사회적 행위에 대해서는 절대성을 갖게 된다. 왜냐하면 그 규범은 개개인의 사회적 행위의 윤리적 가치를 결정하는 원칙이 되기 때문이다.

이처럼 고정된 원칙으로서의 윤리규범을 베르그송의 말을 따라 '닫힌 윤리'라고 부를 수 있다. 대부분 사람들의 경우 윤리적 행위의 가치는 '닫힌 윤리'에 의해서 거의 맹목적으로 판단된다. 이와 같이 해서 닫힌 윤리는 윤리적 행위의 절대적 규범이 된다. 그 절대성이 의심되지 않는 한 닫힌 윤리는 완전한 기능을 발휘한다.

그러나 닫힌 윤리의 권위는 때로 의심되고 비판되는 경우가 생긴다. 그것은 대충 다음과 같은 세 가지 경우로 나누어 생각할 수 있다.

첫째, 기존하는 윤리규범이 악용되는 경우가 있다. 니체가 지적했듯이 윤리규범이 어떤 층의 인간들에 의해 다른 층에 있는 인간에 대한 복수의 수단으로 이용된다든가, 혹은 마르크스가 주장하는 것처럼 윤리규범이 경제적 지배계급인 부르주아가 프롤레타리아 계급의 지배수단으로 된다든가, 또 부권사회에서 남성이 여성을 지배하는 수단으로 쓰인다든가 하는 경우가 그러한 예이다. 위와 같은 경우 윤리는 사회 공동의 복지를 위해 존재해야 한다는 본래의 뜻에 배치되기 때문이다.

둘째, 닫힌 윤리가 봉사하기로 전제되어 있는 목적 자체에 의심이 가는 경우를 생각할 수 있다. 어떤 계기로 인해 한 사회의 모든 사람이 그 사회에서 가장 중요한 것이 부의 축적이라고 생각해서 그 목적에 가장 적절한 윤리규범을 세웠다면, 그러한 목적 자체는 의심될 수 있을 것이며, 그에 따라 그것을 뒷받침하는 윤리규범도 의심될 수 있다.

셋째, 위의 두 가지 점에서는 전혀 문제가 없다치더라도 하나의 윤리규범을 필요로 했던 사회적 혹은 기타의 조건이 전혀 달라졌음에도 불구하고 이미 존재하는 닫힌 윤리가 새로운 사회조건에 적응되지 않고 오히려 갈등을 일으켰을 때 닫힌 윤리는 의심되지 않을 수 없다. 가령 성의 자유를 부정하여 악으로 규정하는 윤리규범은 사생아 때문에 생기게 될 사회적 혼란을 막기 위한 규범이었다고 가정한다면, 피임약이 생긴 조건하에서는 자유로운 성생활을 해도 사생아가 생길 위험이 없는 이상 성의 자유를 윤리규범으로 삼고 필요 이상으로 성의 즐거움을 제약할 필요를 느끼지 않게 될 것이다. 오늘날 특히 서구에서는 성의 자유가 윤리적 악이 아니라고 된 것은 사실이며, 이와 같은 윤리규범의 변화는 여러 가지 사회적 여건의 변화에서 그 이유를 찾을 수 있을 것으로 믿는다.

위와 같은 세 가지 이유로 해서 닫힌 윤리가 비판되고 개선되거나 전혀 다른 새로운 윤리규범이 섰을 때, 다시 한 번 베르그송의 표현을 빌어 이 새로운 윤리규범을 '열린 윤리'라고 부른다.

그러나 닫힌 윤리와 열린 윤리 간에는 논리적으로 순조롭게 해결할 수 없는 단층과 알력이 있다. 왜냐하면 이 두 윤리규범은 그 중 하나를 부정함으로써만 존재할 수 있기 때문이다. 이와 같이 두 가지 윤리의 갈등이 나타나는 것은 앞서 말한 세 가지 경우의 적어도 한 이유 때문에 어떤 개인이 닫힌 윤리를 부정하는 경우이다. 예수의 수난이나 시인 보들레르의 비극적 생활이나 인형의 집에서 뛰쳐나오는 노라, 그 밖의 혁명가, 영웅, 그리고 순교자들은 닫힌 윤리를 부정하고 열린 윤리를 들고나온 개인들의 예가 된다.

그런데 그들의 행위는 비극적일 수밖에 없다. 왜냐하면 열린 윤리는 닫힌 윤리와 대조할 때 극히 개인의 관점이 되어서 비사회성, 따라서 비윤리성을 띠게 마련이기 때문이다. 한 개인이 자신이 생각한 바에 따라 고귀한 윤리적 행동을 취할 때 그가 개인적으로는 아무리 윤리적인 행동이라고 믿어도, 하나의 행동에 대한 윤리적 가치는 개인의 원칙이 아니라 사회가 세운 윤리규범을 떠나서는 있을 수 없기 때문이다.

이와 같이 비극적 과정을 거치면서 자기 자신을 희생하면서까지 개인 행위의 규범인 열린 윤리로써 닫힌 윤리에 저항할 때, 거의 맹목적으로 닫힌 윤리에 복종하기만 하던 대중들도 차츰 그 윤리의 모순이나 허점을 의식하게 되어서 새로운 윤리, 즉 열린 윤리를 받아들이게 된다. 일단 이렇게 되면, 닫힌 윤리의 기준에서 볼 때는 비윤리적인 것이 윤리적인 것이 되고, 전에는 비윤리적인 인간이 덕망 있는 인간, 영웅 혹은 성인으로 나타나게 된다. 흔히 비극적 과정을 거쳐서만 정착되는 열린 윤리는 그것대로 차츰 닫힌 윤리로서 나타나게 되고 그것은 또 다시 새롭게 나타날 열린 윤리와 맞부딪치게 된다.

닫힌 윤리와 열린 윤리의 관계는 사회의 윤리와 개인의 윤리, 혹은 원칙의 윤리와 양심의 윤리의 관계로 바꿔 생각할 수 있다. 칸트가 생각했던 바와는 달리 윤리규범은 시대와 장소를 초월하여 어떤 사회에 사는 인간들을 떠나서 처음부터 인간에게 부여된 보편적 법칙이 아니라, 각기 특수한 사회조건하에서 사는 사람들이 그때그때의 필요에 따라 인위적으로 만들어낸 규범에 불과하다.

그러나 이미 분명해졌을 것으로 믿지만 그것이 어떠한 종류의 것인가를 막론하고 윤리규범 자체는 윤리적인 것이 아니기 때문에, 하나의 행위가 객관적으로는 아무리 주어진 규범에 맞다고 해도 그것만으로는 참된 의미의 윤리적 가치가 있는 행위일 수는 없다. 하나의 행위는 주어진 규범에 맞을 뿐만 아니라 그 결과가 좋은 것이어야 하고, 또한 그 행위는 남의 눈 때문이라든가 자기의 이기심을 챙기기 위한 수단으로서가 아니라 순수한 선의에 의해서 행해져야 한다.

위와 같은 세 가지 조건이 만족되었을 때에 비로소 그 행위는 참다운 의미에서 윤리적으로 가치 있는 것으로 판단될 수 있다. 그렇기 때문에 윤리는 자의식이 있는 인간에게만 해당하는 개념이다. 따라서 아무리 강아지가 결과적으로 좋은 짓을 해도 우리는 강아지의 행위를 윤리적 가치가 있다고 말할 수 없으며, 아무리 어린아이가 제 동무를 돕는 짓을 해도 엄밀한 의미에서 그 아이의 행위에 윤리적 가치를 붙일 수는 없다. 강아지나 어린아이는 그들의 의식적 판단에 의해서 행동을 결정한 것이 아니며, 어떤 원칙에 의해서 행동한 것도 아니기 때문이다. 그들의 행위는 거의 본능에 의한 것이라서 그러한 행위는 윤리적으로 설명될 것이 아니라 생물학적 혹은 물리학적으로 설명될 수 있기 때문이다.

그렇기 때문에 설사 강아지가 사람을 물어뜯거나, 어린아이가 어머니를 이유 없이 때려도 그들에게 윤리적 판단도 하지 않고 책임도 지우지 않는다. 한 행위를 윤리적으로 판단하려면 그 행위의 책임이 그 행위를 실천한 본인에게 있다고 생각할 때, 즉 그 사람이 자기의 자유롭고 의식적인 결정에 따라 행위했다고 전제할 때만 가능한 것이기 때문이다.

그렇다면 행위의 뒷받침이 되는 의도의 선악을 어떻게 결정할 것인가? 다시 말해서 선의, 즉 행위의 목적이 되고 또 윤리규범의 존재 이유가 되는 '선'이란 무엇인가?

6. 선은 인간에 의해 결정되고 만들어진다

참됨(眞)·아름다움(美)이 가치인 것처럼 착함(善)도 하나의 가치이다. 앞서 말했듯이 가치는 존재하는 사물이나 현상이 아니라, 자연 속에서 살아가는 인간이 자연과 맺는 어떤 관계를 가리킨다. 인간을 떠난 가치, 더 정확히 말해서 인간의 욕망을 떠난 가치는 생각할 수 없다. 따라서 니체나 사르트르 말마따나 인간은 가치의 원천이 된다.

선은 존재하는 것이 아니며 인간을 떠나서, 혹은 인간의 욕망 밖에서는 생각할 수 없다. 그러므로 선은 발견될 수 있는 객관적 존재가 아니라 인간에 의해서 결정되는 것, 만들어지는 것이다.

선을 이렇게 규정할 때 선에 대한 전통적인 두 가지 견해는 부정되어야 한다.

첫째, 선이 객관적으로 존재한다는 플라톤적인 전통이다. 이 철학적 견해에 의하면 예를 들어 사람을 돕는 일은 객관적으로 존재하는 윤리적 가치이다. 따라서 우리가 할 수 있는 일은 그러한 가치를 발견, 즉 인식하고 그것에 따라 행동하는 데 있다.

두 번째의 견해는 첫째의 견해와 밀접한 관계를 갖고 있다. 두 번째의 가장 명백한 예는 기독교 사상에서 찾아볼 수 있다. 가장 근본적인 선은 인간을 넘어서 존재하는 신에 의해서 결정되었다는 믿음이다. 여기서 선은 물론 사물처럼 객관적으로 존재하는 것이 아니라 신이 원하는 것, 즉 신에 의해서 창조된 규범이다. 그러나 그 규범은 인간 자신의 결정을 초월해서 있기 때문에 인간의 입장에서 볼 때는 발견되어야만 되는 객관성을 띠고 있다.

선에 관한 위의 두 가지 뿌리 깊고 보편적인 관점이 잘못이라면 과연 선은 무엇일까? 더 정확히 말해서 '선'이란 말은 무엇을 뜻하는가? 선은 윤리적 행위에 붙인 긍정적 가치이다. 이와 반대로 윤리적 행위에 대한 부정적 가치를 '악'이라 말한다. 그렇다면 윤리적 행위는 무엇인가? 그것은 한 사회 속에서 사람들 사이에서 상호간의 이해에 직접 영향을 미치는 행위를 가리킨다. 사람을 속인다든가 사람을 돕는다는 행위는 그 행동이 다른 사람의 행복과 불행에 직접 영향을 미치게 된다.

그렇기 때문에 위와 같은 행위는 상점에서 상품을 사는 행위와는 다르다. 상품을 사는 행위는 상인과의 관계보다는 상품 자체와 관계를 갖고 있으나, 내가 사람을 속일 때 나의 행위는 나의 상대방의 인격과 그의 행복 혹은 불행과 직접 관계되기 때문이다.

이와 같은 행위를 다른 행동과 구별해서 윤리적 행위라고 부른다면 그 행위는 어떻게 해서 선 혹은 악이라고 평가될 수 있는가. 결론부터 말해서 선한 행위는 서로 이해가 모순되는 사회생활에서 피차간의 만족을 최대한으로 가져오는 데 필요한 행위의 원칙이라고 믿어지는 바로 그 원칙에 따라 의식적으로 이루어진 행동이다.

가령 자기희생이 선한 행위라고 생각하는 이유는, 그러한 행위가 한 사회에 사는 여러 사람의 모순된 이익관계를 조절하는 데 도움이 되고 따라서 여러 사람의 행복에 이바지한다고 믿기 때문이다. 칸트 말대로 윤리적 행위의 가장 중요한 원칙이 행위의 대상자를 수단으로뿐만 아니라 인격으로 대하는 데 있다면, 그 이유는 사람들이 그렇게 행동해야만 인간으로서의 서로의 근본적인 욕망에 이바지하기 때문이다. 대부분의 사회에서 거의 보편적인 윤리규범도 이러한 해석을 통해서만 그 의미가 이해될 것이다.

윤리의 문제가 결국 사회의 문제이고, 한 사회는 그것을 구성하는 구체적인 각 개인을 떠나서는 생각할 수 없음을 시인한다면, 이상적으로 선한 행위는 빈부귀천을 막론한 모든 사회의 구성원이 다 같이 최대로 행복하게 될 수 있는 규범을 따라 이루어진 자발적인 행위일 것이다. 이러한 점에서 볼 때, 평등주의가 사회정의의 전제가 되고 사회정의가 보편적인 윤리 행위의 가장 중요한 원칙이 되는 이유가 이해된다.

그러나 이러한 평등주의가 실제로는 반드시 이상적인 윤리의 원칙으로 생각될 수는 없다. 평등주의에 입각한 행위, 정의에 입각한 행위가 시간과 장소를 초월한 선이라고 단정할 수 없는 것이다. 가령 한 사회가 갖고 있는 식량을 완전히 평등하게 분배할 때 그 사회는 1년밖에 유지할 수 없게 되어 모든 사람이 기아로 죽는다고 생각해보자. 그러나 만약 1년만 지나면 양식의 문제가 완전히 해결돼서, 일부 사람은 희생되고 나머지 사람들은 1년 이상을 생존하여 그 사회가 계속 존속할 수 있다 하자.

이와 같은 경우에 과연 어떤 행위가 선한 것일까? 한 사회의 모든 구성원이 다 같이 멸망하는 평등보다는 인간사회의 존속을 위한 불평등이 선한 행위라고 나는 믿는다. 모든 개개인에게 그의 생명은 지상가치이니만큼 결코 다른 가치를 위해 희생할 수는 없다. 그러나 좀 더 높은 차원에서 객관적으로 생각할 때 언젠가는 어차피 죽어갈 나 개인만의 가치보다는,

다른 사람을 통해서 지속될 수 있는 인간이라는 종으로서의 생명의 가치가 더 중요하다고 생각할 뿐만 아니라 이러한 사실은 모든 동물에서 볼 수 있는 가장 근본적인 본능적 가치라고 믿기 때문이다.

이러한 경우는 극단적인 예가 되겠지만 사실 흔히 부닥치게 되는 가장 어려운 윤리적 문제이기도 하다. 개인이 사회를 위해서 극단적인 경우에는 희생해야 한다고 말했지만, 물론 사회라는 추상적인 사회기구 자체의 가치가 아니라 인류를 존속시키는 수단으로서의 사회를 위한다는 말이고, 따라서 결국은 인간생명에 가치를 둔다는 말이다. 왜냐하면 사회는 구체적인 개개의 인간을 떠나서는 있을 수 없기 때문이다.

그러면서 실질적으로는 국가나 사회 등과 같은 추상적인 가치를 위해서 또 그러한 이름 아래 개인이 스스로의 목숨을 바치거나 희생해야 한다. 이러한 관점은 물론 큰 위험성을 내포하고 있다. 왜냐하면 국가나 사회라는 이름 아래 부당한 희생이 강요되어 개개인의 가치와 생명이 한 특정인 혹은 특수한 계급의 향락을 위한 구실로 악용될 위험이 존재하기 때문이다. 다시 말해서 개인의 희생을 통해 얻어진 윤리적 행위의 목적과 수단이 전도될 위험이 있다. 여기에 윤리적 행위, 즉 선을 위한 결단에 내포된 비극성이 존재한다.

엄밀히 따져 볼 때 선은 사태, 사물, 행위로 존재하는 것이 아니다. 선은 생명을 지상의 가치로 보았을 때, 그런 가치에 비추어 본 행위를 평가하는 개념이다. 그러므로 그 무엇도 그 자체만으로는 선이 될 수 없다.

그럼에도 불구하고 '인仁', 즉 착한 마음씨라든가, '자비', 즉 측은한 마음씨라든가 혹은 진실성 · 희생정신과 같은 마음씨를 가리켜 '선'이라 부른다. 우리는 마치 '강아지'라는 말이 구체적인 강아지라는 존재를 가리키듯이, '선'이란 말이 구체적인 '선'이란 존재를 지시하는 것처럼 생각하기 쉽다. 그러나 이러한 마음씨를 선이라고 부르는 까닭은 그러한 상태의 마음씨 속에 선이란 상태가 따로 존재한다는 뜻이 아니고 그러한 마음씨 자체에 윤리적 가치가 있다는 것이다. 그것은 다만 그러한 마음씨를 가진 사람들이 인간의 행복과 사회의 평화로운 발전에 이바지하는 행위를 하는 사람이라는 뜻에 지나지 않는다.

개개인의 복지와 정의로운 사회의 실현을 선이라고 규정할 때, 그러한 것을 실천하기 위해서는 경우에 따라 혁명이나 전쟁이 필요하고 어떤 개인의 희생을 상징하는 영웅이나 순교자, 성인이 필요하다. 그러나 영웅됨이나 순교자됨, 성인됨 자체가 궁극적인 가치일 수는 없다. 가령 죽음까지 가져오는 희생이란 인간으로서 극히 어려운 일이지만 희생을 위한 희생은 그 자체로는 엄밀한 의미에서 윤리적이 될 수 없고 가치 있는 행위가 아니다. 어떤 행위고 그것이 인간의 복지를 떠난 것이 되었을 때 그 행위는 윤리적으로 무의미하다.

그렇다고 해서 좋은 결과, 즉 인간에게 복지를 주는 행위는 언제나 '선한' 행위가 될 수 있다는 말은 아니다. 앞에서 말한 한 행위가 인간의 복지를 목적으로 하고 동시에 그것이 어떤 원칙에 의해서 결정되었을 때에만 비로소 그 행위는 선한 것이 될 수 있다.

7. 윤리적 행위는 이성적임을 지향한다

궁극적으로 선은 인간의 행복을 높이는 어떤 원칙에 따른 행위이다. 행복이란 욕망의 충족을 의미한다. 따라서 선은 인간의 욕망을 충족시켜 줄 수 있는 어떤 원칙에 따른 행위이다. 그러나 인간이 원하는 욕망의 성질에 따라 같은 행위도 선이 될 수 있는가 하면 악이 될 수도 있다. 그러므로 인간의 욕망 내용에 따라 어떤 윤리원칙이 세워져야 하느냐의 문제도 서로 다른 해답을 갖게 된다.

언뜻 생각하기에 모든 인간의 욕망은 각자가 자유롭게 결정한 주관적인 것같이 보인다. 그래서 복돌이는 대통령이 되고 싶다 하고 복순이는 예술가가 되고 싶어한다. 그러나 복돌이나 복순이의 욕망이 서로 다른 것은 오로지 피상적으로 그런 것이지 근본적으로 그들이 인간으로서 원하는 것은 같을지도 모른다. 이러한 사실은 같은 의사를 전달하기 위해서도 서로 다른 한국어나 프랑스어를 써야 하는 사실과 같을지도 모른다. 니체의 철학, 프로이트의 정신분석학, 사르트르의 철학적 인간학 등은, 인간의 근본적인 욕망이 보편성으로 결정지어져 있지 각 개인이 자기의 주관에 따라 결정하지 못함을 주장하고 있다.

만약 위의 학설대로 인간의 욕망이 이미 결정된 것이라면, 인간의 욕망은 객관적으로 연구될 대상이 될 수 있음을 의미한다. 그것은 또한 한 개인이 자기가 정말 원하는 것이 어떤 것이라고 할 때, 그의 욕망이 '틀렸다', 즉 '잘못이다'라고 판단될 수 있음을 의미한다. 가령 대통령이 되겠다는 복돌이의 욕망이 욕망이니까 진위로 판단될 수 없는 것이 아니라, 그것이 틀렸다고 판단할 수 있다는 말이다. 만약 복돌이의 욕망이 자기

스스로 선택한 것이 아니라 외부조건에 의해서 이미 결정된 것이라고 가정한다면, 대통령이 되겠다는 그의 욕망은 궁극적인 욕망이 아니라 오로지 수단으로서의 욕망에 지나지 않는다.

이와 같은 것을 인정할 때, 복돌이의 환경이나 재능이나 그 밖의 여러 조건을 따져볼 때 그가 대통령이 됨으로써 그의 궁극적 욕망을 실현하려는 것은 다른 방법으로 실현하려는 것보다 비합리적임을 알 수 있다.

흔히 생각하는 바와는 달리 이성은 윤리와 뗄 수 없는 관계를 갖고 있을 뿐 아니라, 이성을 떠난 윤리적인 행위도 있을 수 없다. 이성은 윤리와 다음과 같은 관계를 갖고 있다고 본다.

첫째, 이성은 욕망이 아니지만 우리가 정말 원하는 것이 무엇인가를 이성적으로 알아낼 수 있을 것이고 그럼으로써만 참다운 윤리, 낭비되지 않은 윤리적 행위를 결정하는 데 절대적 중요성을 갖는다.

둘째, 이성은 객관적으로 알아낸 욕망을 실천하기 위해서 어떠한 행위가 가장 효과적인가를 논리적으로 결정하는 데 절대적인 역할을 한다. 이성과 윤리, 과학과 가치는 서로 대립되는 것이 아니라 서로 보완하는 관계를 갖고 있다.

윤리적 행위는 감성적인 것이거나 맹목적인 행위가 아니라 이성적이고 명석한 의식의 행위이다.

7장

초월에 대하여

1. 형이상학이란 무엇인가?

지금까지 우리가 검토한 문제는 대충 두 가지로 요약된다. 그것은 인식의 문제와 윤리의 문제였다. 그러나 이 문제들은 자연의 존재와 인간의 행위를 전제로 한 후에 나타난 문제들이다. 따라서 우리가 지금까지 생각해본 문제는 자연 자체나 인간 자체에 대한 문제를 포함하지 않는다. 바꿔 말해서 지금까지의 모든 문제는 자연 속에서 일어나는 현상에 대한 문제, 인간이 있음으로써 생기게 되는 문제들에 한정되었다. 그래서 우리는 어째서 물이 어는가? 어째서 사물이 변하는가 하는 문제를 생각해보았고, 어째서 사람을 속이면 악이고 도우면 선인가라는 문제를 생각해보았다.

우리는 자연 자체가 어째서 존재하는가, 어째서 인간이 존재하는가라는 극히 일반적인 문제를 생각하는 능력을 갖고 있다. 이와 같이 사색해 갈 때 우리는 우리 자신과 자연 전체를 사고의 대상으로 갖게 되며, 따라서 우리는 어떤 의미에서 자연과 우리 자신의 외부에 서 있게 된다. 자연과 인간을 넘어서 존재하는 것을 초월이라 한다면 우리의 사색은 이미 자연에서 초월의 세계로 들어가 있는 것이다. 자연 밖의 초월의 세계에서 생기는 문제와 맞부딪히는 사색을 서양철학에서는 전통적으로 형이상학이라고 불렀다.

자연 자체는 무엇인가, 인생은 도대체 무엇인가 하는 문제는, 물은 왜 어는가, 복돌이는 왜 학교에 가는가 하는 문제와 같은 구조를 갖고 있다. 그 물음은 자연 자체를 하나의 현상으로 볼 때, 인간이 궁극적으로 목적하는 것이 무엇인가에 대한 설명을 찾는 데 있다. 마치 물이 어는 현상을 어떤 물리학적 원칙으로 설명할 수 있듯이, 자연은 무엇인가에 대한 문제는 자연 밖에 있는 어떤 초월적 법칙에 의해서 설명할 수 있을 것이며, 복돌이가 학교에 가는 사실을 복돌이가 공부하고 싶은 마음으로 설명할 수 있듯이, 인생은 무엇인가 하는 문제는 인간 밖의 어떤 인격적 존재가 원하는 것이 무엇인가를 알 때 설명이 갈 것이다.

그래서 형이상학적인 문제는 크게 자연의 존재를 설명하는 모든 현상의 기원의 문제와, 인생 속에서 살면서 얻는 의미가 아니라 인생의 의미를 찾아내는 문제로 나누어진다.

첫번째의 문제를 두 번째의 문제와 다소 구별해서 제한된 의미로서의 형이상학적 문제라고 특징지을 수 있다.

형이상학은 또 다시 기원이나 모색의 문제와 구조의 문제로 갈라 고찰할 수 있다. 모든 존재의 궁극적인 기원은 어디 있으며, 도대체 무엇 때문에 이런 것이 존재하는가라는 문제와, 그러한 존재의 궁극적인 요소와 구조는 무엇인가를 아는 문제이다.

힌두교, 노장의 철학, 기독교와 같은 중요한 사상은 이러한 인간의 지적 요구를 만족시키기 위한 하나의 설명만이 아니라 그 밖의 예를 들어 종교적 요구를 만족시키기 위한 해결책으로도 보아야 하겠지만 여기서는 우선 위의 사상들을 하나의 형이상학으로서 검토해볼 수 있다.

힌두교나 노장사상은 우리가 지각해서 경험할 수 있는 현상을, 지각될 수 없는 원리로 설명하려고 한다. 힌두교의 '존재 전체'를 의미하는 '브라만' 혹은 '아트만'이나 노장사상에서 '도'라는 개념이 바로 그것이다. '브라만'이나 '도'는 모든 현상의 바탕인 동시에 모든 현상에 대한 총괄적 개념이다. 그렇다면 브라만이나 '도'가 언어로 서술될 수 없는 존재임은 두말 할 필요도 없다. 왜냐하면 어떤 존재가 서술되려면 그 존재가 딴 존재와 구별될 때에야 가능한데, 처음부터 그런 구별 이전의 전체인 브라만이나 도는 원칙적으로 언어로 표현할 수 없는 것이 된다.

이와 같이 힌두교의 브라만이나 노장사상의 도는 언어 이전의 존재, 즉 의식될 수도 없고 지각될 수도 없는 존재로써 의식할 수 있는 그 밖의 모든 존재의 원리라고 주장한다. 설명은 인과적인 것과 구조적인 것으로 나누어 생각할 수 있다. 물이 어는 것은 온도의 냉각에 원인이 있음을 보일 때 인과적 설명이 되고, 얼어붙는 물은 만물을 다스리는 원리의 일부임을 보일 때 구조적 설명이 된다. 힌두교나 노장사상은 자연과 인간의 모든 현상이 브라만이나 도라는 궁극적 원리의 일부로 해석된다는 주장이다. 따라서 이 사상들은 기독교 철학과는 달리 구조적 설명을 하고 있다. 이러한 설명은 인격적인 형이상학적 존재를 필요로 하지 않는다.

다른 점에서 앞서 말한 동양의 2대철학과는 다른 점이 있긴 하지만, 인격적 존재를 인정하지 않고 어떤 논리적 원칙에 입각한 형이상학은 플라톤 · 아리스토텔레스, 그리고 헤겔 · 베르그송 · 화이트헤드와 같은 철학자에서도 발견된다.

이와 반대로 기독교 속에 나타난 형이상학은 근본적으로 인격적인 성격을 띠고 있다. 기독교는 자연과 인간의 현상을 인격적인 존재인 신이 창조했다고 설명하기 때문이다. 이와 같은 형이상학은 인간중심적인 관점이라고 비판될 수 있다.

그 진위를 따지지 않더라도 위와 같은 형이상학들은 언뜻 보아서 많은 사람들에 당분간의 지적 만족을 줄 수 있을 것 같고 또 바로 그러한 이유 때문에 그러한 형이상학이 고안되었고 지금까지도 많은 사람들의 지적 호기심을 사로잡는 것으로 본다. 왜냐하면 이러한 형이상학적 설명은 우리가 가능하다고 생각할 수 있는 설명들이기 때문이다.

그러나 문제는 이러한 형이상학들이 과연 참다운 의미를 가질 수 있는가 어떤가에 있다. 다시 말해서 위와 같은 형이상학적 설명이 정말 지적인 설명이 될 수 있느냐 없느냐 하는 것이다.

앞서 말한 바 있지만 논리실증주의자들에 의하면 형이상학적 존재에 대한 진술은 엄밀한 뜻에서 진술이 될 수 없다. 왜냐하면 형이상학적 진술은 그것의 진위가 결정될 수 없고 따라서 그 진술의 근거를 가질 수 없기 때문이다. 그래서 논리실증주의자들은 형이상학을 무의미한 것으로 사고의 영역으로부터 제거하고자 한 것이다.

일보를 양보해서 위에서 본 바와 같은 형이상학적 설명이 옳다고 가정해서 가령 브라만 혹은 도 혹은 신에 의해서 자연 자체와 인간 자체가 설명된다 하더라도, 브라만 혹은 도 혹은 신 자체를 설명해야 하는 문제가 꼬리를 물고 나온다. 그리하여 우리의 지적 요구는 결코 만족될 수 없는 운명을 짊어지고 있다. 이러한 사실은 이성의 한계와 설명의 애타는 한계를 보여준다.

2. 종교란 무엇인가?

형이상학과 종교는 확실한 구별이 되지 않는다. 전자를 초월적 존재에 대한 지적 체계라고 한다면, 후자는 초월적 존재에 비춰봤을 때의 인간의 길에 대한 가르침이다. 이런 의미에서 기독교는 물론 힌두교나 노장사상은 플라톤·아리스토텔레스·헤겔·화이트헤드 등의 철학과 비교할 때 종교적인 색채가 짙은 형이상학이다.

존재와 삶의 태도에 관한 이러한 관계는 인식과 윤리의 관계로 바꿔 생각할 수 있다. 인식과 윤리는 딴 문제이긴 하지만 그들 간에는 변증법적이라고 할 수 있는 밀접한 관계가 있다. 초월적 세계에 있어서의 인식으로서의 형이상학은, 초월적 세계에 비춰본 논리라고 볼 수 있는 종교를 결정하는 경우가 있고, 또 종교가 어떤 것인가에 따라 우리의 인식이 달라질 수가 있다. 그래서 한 형이상학은 비록 명시되지 않았을 경우에도 삶에 대한 태도를 그 체계 속에 암시하고, 한 종교도 그 교리 속에 하나의 형이상학적 체계를 전제로 하고 있는 것이다.

그럼에도 불구하고 형이상학과 종교는 엄연히 구별되어야 하고, 또 한편으로 힌두교 혹은 노장사상과 기독교는 완연히 구별되어야 한다. 그 이유는 전자가 인격적 신을 갖지 않는 데 반해서 후자는 인격적 신을 믿기 때문이다. 그래서 힌두교·노장사상을 종교로 취급하는 것이 학계나 종교계에서 관례가 되어 있음에도 불구하고, 나는 유교는 물론 힌두교·불교·노장사상을 엄밀한 의미에서 종교라고 취급하지 않는다. 내가 의미하는 종교는 인격적 신의 존재를 믿는 세계관만을 가리킨다. 따라서 내가 보기에는 유대교·기독교·이슬람교만을 종교라고 할 수 있고, 샤

머니즘·애니미즘·토테미즘같은 원시적 미신도 원시적 형태의 종교라고 볼 수 있다.

종교, 특히 기독교를 정의한다면 미국 신학자 알타이저 등이 주장하는 '신 없는 기독교'는 아무리 상식적으로 생각해도 말이 되지 않는 주장이다. 신을 전제로 한 기독교가 신을 빼놓고 어떻게 기독교로 남을 수 있겠는가? 신을 빼놓는 순간 기독교는 잘해야 하나의 형이상학이나 논리체계로 남을 수밖에 없을 것이다.

신의 존재를 전제했을 때에만 자연현상과 인간이 살아갈 태도에 대한 가르침이 뜻을 갖는 종교, 특히 기독교에서의 근본적인 문제는 신이 무엇인가를 규정하는 일과 어떻게 그러한 신의 존재를 증명하느냐 하는 데 있다.

그러나 이와 같은 문제는 오랫동안 신학자나 철학자들이 여러 가지로 시도했음에도 불구하고 결코 만족스러운 해결을 보지 못했을 뿐 아니라 결코 해결될 수 없는 것으로 밝혀져 가고 있다.

이제 종교인들은 주장하기를 신의 본질이나 존재는 물리현상이나 논리를 증명하듯이 증명할 수 있는 것이 아니라, 직접 체험을 통해서 계시받을 수밖에 없다고 한다. 그들에 의하면 종교적 진리는 언어로 표현할 수 없는 진리라는 것이다.

여기서 우리는 초월적 존재에 대한 믿음으로서의 종교 대신 초월적 존재에 대한 체험으로서의 종교를 생각하게 된다. 사실 믿음으로서의 종교와 이른바 종교적 경험은 구별되어야 한다.

종교적 경험이란 무엇인가? 그것은 한 개인이 우주 전체에서 소외되지 않고 그 우주와 완전한 조화를 느낄 때의 행복감이나 충만감을 가리킨다고 생각한다. 믿는 종교나 형이상학이 다름에 따라 우주 전체는 각기 달리 파악될 수 있겠지만, 그런 우주와의 조화에서 느끼는 체험은 같은 성질이 될 수 있다. 그러므로 비단 기독교 신자뿐만 아니라 힌두교나 불교신자도, 노장사상의 신봉자도, 그리고 아무런 특수한 사상을 갖고 있지 않은 보통 사람들도 때로는 앞에서 말한 바와 같은 우주 전체와의 조화를 체험할 수 있다. 이런 점에서 힌두교나 불교 혹은 노장의 철학도 종교로 취급하는 이유를 이해할 수 있다.

종교의 발생을 사회적 필요에서 찾으려는 뒤르켐의 학설도 있지만, 그보다도 인간의 심리적 필요에서 찾아봄이 더 납득이 간다. 니체와 프로이트의 이론은 후자의 대표적인 실례가 된다. 니체는 종교가 약자들이 지배계급에 대항하고 복수하며 동시에 자신의 불행한 상태를 위안하는 수단으로 발명된 상상물에 지나지 않았다고 주장한다. 한편 프로이트는 고통으로 가득 차고 죽음으로 끝을 맺게 될 인간이 자신의 절망적 상태를 벗어나기 위한 위안의 수단으로 발명한, 내세에 대한 환상에 지나지 않는다고 주장한다.

그러나 나는 이러한 설명보다도, 상상할 수 있는 한의 우주라는 전체 속에서 조화된 자신을 찾아보려는 심리적 필요에 의해 상상된 세계라고 보는 것이 더 타당할 것이라고 믿는다. 왜냐하면 인격적 신을 인정하지 않고 이 세계와 따로 떨어진 별개의 세계를 인정하지 않는 힌두교·불교, 그리고 노장사상 속의 형이상학에는 니체나 프로이트의 학설이 적용될 수 없기 때문이다. 만약 니체나 프로이트의 학설이 보편성을 갖는 진리라면, 동양에서도 기독교에서와 같은 인격적 신을 전제하고 말세를 인정하는 종교가 있었어야 할 것이다.

종교가 우주 전체와 조화를 갖고자 하는 인간의 심리적 요구로서 설명
된다면, 그러한 심리적 필요는 어떠한 것인가? 그것은 동물과는 달리 자
신의 존재에 대한 의미를 찾고자 하는 인간의 본래적 필요성이다.

3 . 인생의 의미란 무엇인가 ?

동물은 그냥 태어나서 그냥 살다 간다. 사람들도 대부분의 인생을 그
날그날의 잡다한 일에 몰두하고 살다 간다. 그러나 오직 사람만이 자기
가 하는 일 혹은 행위에 대해서 의미를 묻고 자기의 삶 전체의 의미를 물
어보는 동물이다. 이런 뜻에서 인간은 '의미적 동물'이라고 부를 수 있으
리라. 인생의 의미의 문제는 인간에게서 떼어버릴 수 없는 근본적인 문
제이다.

인생의 의미란 무엇인가? 인생의 의미를 찾는다는 것은 무엇을 뜻하
는가?

의미라는 말에는 두 가지 뜻이 있다. 첫째, 언어의 의미가 있다. '개'라
는 말, "복돌이는 눈이 까맣다"라는 말의 의미가 그것이다. 따라서 이런
뜻의 의미는 '인생의 의미'라 할 때의 의미와는 다르다. 왜냐하면 '인생
의 의미'라 할 때의 인생은 '인생'이란 말(언어)을 가리키는 것이 아니고
그런 말이 가리키는 구체적인 인간의 일생 자체를 가리키기 때문이다.
여기서 두 번째의 '의미'의 의미를 알아내게 된다. 그것은 다름아니라 우
리말로 '보람' 혹은 '의의'란 뜻이 된다.

그렇다면 과연 보람으로서의 의미를 인생은 갖고 있는가? 그런 의미를 찾을 수 있겠는가? 이런 문제의 대답을 찾기 전에 우리는 우선 보람이라는 뜻을 밝혀 둘 필요가 있다. 보람은 어떤 존재나 행위가 정당화되었을 때의 충만된 심리상태를 가리킨다. 그리고 어떤 존재나 행위는 두 가지 방법에 의해서 정당화된다.

첫째, 존재나 행위가 어떤 목적을 위해서 쓰여진다고 볼 때이다. 따라서 나의 목적이 학점을 따는 데 있다면 학교에 수업료를 내고 밤을 세워 공부하는 일은 학점을 따고자 하는 내 목적을 달성하는 데 이바지된다고 보였을 때 정당화되고 따라서 보람이 있는 것으로 생각된다. 그리고 학점을 따는 일은 나의 지적 욕망을 채워주는 수단으로 보았을 때 정당화되고 보람 있는 것으로 간주된다.

둘째, 어떤 존재나 행위는 그것들이 어떤 유기적 전체 속에서 뺄 수 없는 기능을 하고 있다고 생각됐을 때 정당화되고 보람 있는 것으로 생각된다. 내가 가장으로서 가정의 안전과 행복에 필요하다고 인정될 때, 내가 하는 일이 국가의 존재를 위해서 빼놓을 수 없는 것임을 인정할 때, 내가 인류의 존재를 유지하는 데 없어서는 안 됨을 의식할 때, 내가 치는 공이 한 야구 경기를 승리로 이끄는 데 빼놓을 수 없는 역할을 한다고 보았을 때, 나의 행동과 나의 존재는 정당화되고 따라서 나는 나의 행동과 존재에 보람을 느끼게 된다.

첫 번째의 보람을 수단으로서의 보람이라고 부를 수 있다면 두 번째의 보람은 기능으로서의 보람이라고 부를 수 있을 것이다.

이와 같이 '인생의 의미'라고 말할 경우의 의미를 따져봤을 때 '인생의 의미'와 대조해서 '인생 속에서의 의미'를 갈라 생각할 수 있다. '인생 속에서의 의미'가 과연 있는가? 그런 의미는 어떤 것인가? 인생을 살아가는 동안 인간은 수없는 욕망을 채우기 위해서 수많은 목적을 세우고 그런 목적을 달성하기 위해서 가지가지 행위를 하고 가지가지 사물을 소유한다. 또한 인생을 살아가기 위해서 인간은 갖가지 테두리 안에서 존재하고 행위하게 된다. 나는 몸을 건강하게 하기 위해서 아침마다 땀을 흘리고 운동을 하며, 나는 한 가정의 가장으로서 필요한 존재다. 따라서 나의 인생 속에는 땀을 흘리는 의미, 가장으로서 노력하는 의미가 있다.

이와 같은 사실은 모든 인간에게 그의 인생에 있어서의 의미가 헤아릴 수 없이 많을 뿐 아니라 반드시 그럴 수밖에 없고, 각자 인생에서의 의미는 그 자신들의 원하는 바가 각기 다름에 따라 각양각색이다. 각 인간이 원하는 것도 사실상 각양각색이다. 따라서 똑같은 행위, 똑같은 존재도 각 개인에 따라 의미가 있기도 하고 무의미한 것이 되기도 한다.

그러나 우리의 문제는 '인생에 있어서의 의미'가 아니라 '인생의 의미'였다. 과연 인생의 의미가 있는가? 인생의 의미라는 문제는 인생에 있어서 여러 가지 의미를 갖고 살게 마련인 인생 전체를 하나로 봤을 때의 인생이란 것이 어떤 정당성을 갖고 있는가를 알아보려는 문제이다. 이와 같이 볼 때 나의 인생이 정당화되려면 앞에 본 것처럼 두 가지 조건 가운데 적어도 한 가지 조건이 만족될 수 있을 때에만 가능하다. 나의 인생이 어떤 목적을 위한 수단으로 보일 수 있든가, 혹은 나의 인생이 나 밖의 어떤 존재나 기구 속에서 어떤 기능을 하고 있다고 보이든가 해야 된다.

그러나 이러한 조건들이 성립되려면 나 밖에, 그리고 모든 개개인의 인생 밖에 다른 초월적 존재자가 있어서 그 존재자가 무엇인가 목적을 갖고 있어야 한다. 그럼으로써 나의 인생, 개개인의 인생은 그 초월자의 목적을 달성하는 것으로 보여야 한다. 혹은 나의 인생, 모든 개개인의 인생이 그 인생 밖의 보다 깊고 근원적인 초월적 기구, 즉 인간 밖의 기구 속에서 어떤 기능을 하고 있어야 한다. 따라서 위에서 든 두 조건이 성립되려면 기독교에서 주장하는 인격적 신이 존재하든가 혹은 힌두교·불교·도교에서 주장하거나, 플라톤·헤겔 등이 주장하는 어떤 형이상학적 존재가 인정되어야 한다.

그러나 앞에서 검토해본 바와 같이 종교적 교리나 형이상학적 진리는 그것을 사실로서 받아들일 수 없는 성격을 갖고 있다. 따라서 인생의 의미는 성립될 수 없을 뿐 아니라 그러한 물음 자체는 논리적으로 모순되고 무의미한 질문이다. 잘라 말해서 인생의 의미가 아니라 오로지 인생에 있어서의 의미일 뿐이다.

백보를 양보해서 종교적 혹은 형이상학적 주장이 진리라고 인정한다고 해도 '인생의 의미'는 논리적으로 불가능할 뿐 아니라 그러한 물음 자체가 부조리해서 성립될 수 없다. 왜냐하면 '인생의 의미'는 나 밖에 있어서의 나의 의미, 인간 밖에 있어서의 의미, 즉 가치 또는 만족감이 존재함을 전제로 하기 때문인데 인간을 떠나서, 그리고 더 엄격히 말하사면 나의 의식, 나의 욕망을 떠나서는 나에게 있어서 의미, 즉 가치를 생각할 수 없기 때문이다.

4. 인간은 초월적 존재를 생각한다

자연현상이 어떻게 생기는가를 알고 대할 때에도 그 여러 가지 현상으로 나타나는 자연 자체를 어떻게 해서라도 이해하고 싶은 마음, 인간이 어떻게 생각하며 무엇을 원하며, 인간이 하는 행동이 무엇인가를 모두 이해하고 난 뒤에라도 그러한 인간 자체가 무엇인가를 이해하고자 하는 마음은 사고력을 갖고 있는 인간에게서 떼어버릴 수 없는 성질이다.

인간은 자연 밖에서, 인간 밖에서 자연과 인간을 사고의 대상으로 삼으려 한다. 이와 같이 해서 인간은 초월적 존재를 생각하지 않을 수 없는 존재이며, 스스로 초월적 입장에 서보고자 한다. 모든 형태의 형이상학, 모든 형태의 종교는 바로 초월에 대한 향수의 구체적인 표현이다. 인간은 비단 초월에 대한 향수를 갖고 있을 뿐만 아니라 의식적이든 무의식적이든 누구나 초월에 대한 어떤 종류의 견해와 관점을 갖고 있고, 극히 막연하긴 하나 그러한 토대 위에서 자연을 인식하고 인생에 대한 태도를 갖게 된다.

모든 인간은 비록 형이상학이나 종교를 부정하고 나오더라도, 그 자체는 이미 경험이나 논리만으로는 증명할 수 없는 어떤 형이상학이나 종교적 관점을 나타낸다. 자연이나 인생은 막연하나마 어떤 배경을 전제하지 않고는 의식될 수 없는데, 의식 일반의 배경이 되는 것이 바로 초월적인 세계가 된다.

그럼에도 불구하고 자연 밖에서 그리고 인생 밖에서 어떤 초월적 존재나 의미를 찾고 그런 초월적 입장에 서서 자연과 인간을 이해하며 그것에 의미를 부여하려는 인간의 향수와 노력은 언제나 향수로만 남아 있고 노력으로 그치게 된다. 왜냐하면 자연의 일부로서의 인간이 자연 밖에 서서 초월적, 즉 인간을 벗어난 입장에서 자연과 인간을 동시에 바라보려는 것은 논리적으로 모순되기 때문이다.

인간은 자연을 떠나서는 존재할 수 없고, 사고는 인간을 떠나서는 생각할 수 없다. 우리가 무엇을 느끼고 생각하고 보든간에 그것은 자연 속에서 인간으로서의 입장을 벗어나지 않는 한에서만 가능하다. 이 말은 자연 밖에 모르는 인간의 사고 바깥에 아무 것도 없다는 뜻이 아니다. 그것은 그 무엇이 있다 해도, 우리는 그것이 무엇인지를 생각할 수 없고 말할 수도 없다는 말일 뿐이다.

그렇기 때문에 사람들은 초월적인 세계는 언어로 표현할 수 없다고 한다. 그러면서 초월에 대한 향수를 갖고 있는 인간은 말할 수 없는 것을 말하려고 한다. 그러나 비트겐슈타인이 말했던 것처럼 말할 수 없는 것을 말하려 할 때 우리의 언어는 한낱 백치의 중얼거림처럼 그 언어의 뜻을 전혀 가질 수 없게 된다. 이럴 때 우리는 자연과 인생이라고 부를 수 있는 일종의 관념적 감옥에 살 수밖에 없으며, 따라서 우리의 사고와 인식, 이성과 언어의 한계, 말하자면 인간의 한계를 깨닫고 겸허하면서도 엄숙한 태도로 괴로운 침묵을 지킬 수밖에 없다. 여기에서 우리는 비단 철학자나 종교인이 아니더라도 모든 존재와 인간에 대한 엄숙하고 삼엄한 신비성을 느끼게 된다.

초월적 세계 앞에서 침묵을 깨뜨리고 입을 열어 그것을 얘기하고자 하는 유혹을 인간으로부터 떼어버릴 수 없고, 초월은 영원한 향수로 남아 있다.

인간의 이와 같은 향수는 이카로스와 같은 운명을 띠고 있다. 납으로 만든 날개를 달고 있는 이카로스는 밝은 태양을 향해서 날고자 한다. 그러나 그럴 때마다 그의 날개는 뜨거운 햇볕에 녹아 그는 다시 땅에 떨어져야만 한다. 그러면서도 이카로스는 태양을 향해 높이 날고자 하는 향수를 버릴 수 없는 운명을 지니고 있다.

이와 같은 인간운명의 또 다른 비유를 들어보자면 그것은 마치 둑에 핀 아름다운 들꽃에 반한 개천의 붕어의 사정과 같다. 꽃을 보러 둑 위에 뛰어오를 때 붕어는 이미 죽어야 해서 꽃의 아름다움을 감상하지 못하는 붕어들은 그저 개천의 물 속에서 물 위에 어른거리는 꽃그림자만 신비로운 마음으로 바라보아야 한다.

맺는 말_철학이란 무엇인가?

　1장과 2장에서 우리는 철학적 사고의 본질을 다른 사고와 비교해서 밝혀보려 하였고 3장에서 4장에 걸쳐 몇 가지 분야에 걸쳐 철학적 사고의 구체적인 예를 보고자 했다.

　나는 이른바 분석철학자들의 뒤를 따라 철학적 사고가 2차적 사고, 즉 언어에 대한 언어라는 것을 강조하면서 1차언어인 철학이 과학이나 그 밖의 1차적 언어에 대한 논리적 분석과 해명임을 주장했다.

　이와 같이 볼 때 철학은 구체적인 대상이나 경험 혹은 행위와는 직접 관계 없고 그러한 것들을 서술하는 언어만 관계를 갖고 있는 것같이 보인다. 다시 말해서 철학적 사고의 관심이나 대상은 존재나 행위와는 관계 없이 오직 언어뿐이라는 결론을 얻을 성싶다. 실상 일부 초기의 분석철학자들은 그러한 철학관을 주장했다. 그래서 그들은 철학의 기능은 오직 '개념의 명석화conceptual clarification'라고 본다. 그것은 다름 아니라 넓은 의미에서 본 논리에 지나지 않는다는 말이다. 그래서 한때 분석철학의 창조자 비트겐슈타인은 주장하기를, 철학의 기능은 언어의 구조 때문에 생기기 쉬운 경련이 일어난 사고를 고쳐주는 일종의 정신치료에 지나지 않는다고 했고, 분석철학을 세운 또 하나의 창조자 무어는, 자신이 철학에 관심을 갖게 된 것은 인생이나 사물에 대한 문제 때문은 전혀 아니

고 다른 철학가들이 세계나 과학에 대해서 언급한 말 자체에 흥미를 갖
게 되었기 때문이라고 했다.

그러나 만약 이것이 철학의 진부라면 철학은 논리적 사고에 뛰어난 사
람들이 논리에만 흥미를 갖고 논리를 따지는 일종의 사고의 놀음에 지
나지 않을 것이다. 그래서 영국의 어떤 철학가가 위와 같은 철학가를 공
격하면서, 분석철학가를 인생의 문제에 전혀 고민하는 바가 없이 주말을
즐기기 위해서 크리켓 놀이나 하는 영국신사들에 비유한 이유가 이해된
다. 그러나 철학은 과연 인생의 구체적인 문제나 구체적인 존재와 관계
가 없으며, 인생의 문제, 초월의 문제라는 순전히 논리의 문제로 끝나고
말 것인가?

나의 대답은 아니다이다. 철학은 물론 과학과 다르기는 하지만, 근본
적으로는 과학과 마찬가지로 진리를 동경한다. 철학이 말하는 진리의 내
용이 과학이 말하는 진리와 다른 것일 수 없다. 다만 철학적 진리가 과학
적 진리와 다른 점은 그 진리의 차원과 범위이다. 철학적 진리는 과학적
진리에 비해서 더 포괄적이고 근본적이다.

라일을 따라 우리는 철학을 지도에 비유할 수 있다. 지도는 지면에 그
린 일종의 도식이지만 그러한 도식은 건축설계사가 아직 존재하지 않는
집을 상상하면서 그리는 여러 모양의 설계도와는 달리, 이미 존재하는
것에 대한 체계적인 서술이다. 철학의 목적은 지도 자체에 있는 것이 아
니다. 그 지도는 구체적인 현실이란 대상을 갖고 있고 그 대상을 나타내
려고 한다. 따라서 아무리 묘하고 깔끔한 지도라 해도 그것이 현실을 제
대로 표현하지 못한다면 아무 의미가 없고 지도의 본래 기능을 발휘할
수 없다. 물론 훌륭한 지도를 만들려면 그 지도에서 쓴 기호가 명확해야

하고 그 기호들이 서로 모순 없이 앞뒤가 정연한 체계로 성립되어야 한다. 이러한 까닭에 현실을 그리려는 철학에 있어서 개념의 분석과 사고의 논리성을 따지는 일은 분석철학자들이 주장하듯 극히 근본적인 중요성을 갖는다.

그렇다면 철학적 서술도 지도가 아니냐고 물을 것이다. 과학이 어떤 현실을 서술한다는 점에서 볼 때, 과학도 일종의 지도라고 불러도 무방하다. 그러나 가령 한 도시를 알아보려고 할 때 과학자는 직접 도시에 가서 여러 가지 자료를 개별적으로 수집하고 측량해야 한다. 그러나 그 도시의 지도를 만드는 사람은 도시에 직접 가지 않고 자기 책상에 앉아서 과학자들이 수집한 도시에 관한 여러 정보를 기초로 해서 그것을 분석하고 종합하여 하나의 질서를 만든다. 바꿔 말해서 철학자는 과학자가 수집한 자료를 토대로 해서 2차적 작업을 하는 것이다. 그러나 2차적 작업인 철학의 궁극 목적은 그러한 작업 자체에 있지 않고, 그런 작업을 통해서 여러 과학들이 얘기하는 현실을 확실하고도 체계 있게 총괄적으로 파악하는 데 있다. 철학이 바로 과학은 아니지만 과학적 기초 없이는 참다운 철학도 있을 수 없다.

철학은 비단 명석성에 대한 집념으로 끝나지 않는다. 그것은 역시 진리에의, 궁극적 진리에의, 즉 앎에의 정열이며 향수다. 일부 현대 철학자들이 생각하는 바와는 반대로 전통적인 철학은 사이비 철학, 헛소리가 아니라 역시 철학적인 것이다. 그리하여 얼핏 생각하기에 헛소리, 넋두리같이 느껴지는 힌두교·노장사상·플라톤·헤겔, 아울러 하이데거의 사상에서도 우리는 분석철학이 미치지 못하는 깊은 자유, 즉 철학을 발견한다.

색인

철학은 진리에의 정열이고 향수다